JN146641

新学習指導要領を主体的につかむ

その構図とのりこえる道

梅原利夫

新日本出版社

はじめに

二〇二〇年度から全面的に実施される学習指導要領が、二〇一七年三月に改訂された。日本の学校（小学校、中学校、高等学校）で日々行われている学習指導の計画とその実践は、各学校が子どもや地域の実態を踏まえて編成される教育課程が土台となっている。その個別の教育課程を作成するにあたって、全国レベルでの大綱的な標準を示したものが学習指導要領といわれる文書である。文書作成者は文部科学大臣であるが、その基本方針は文科大臣が諮問する中央教育審議会によって示された。

学習指導要領による指導の標準方針は、主に二つの流れによって教師および教師集団から教育現場に浸透が図られる。一つは文科省から教育委員会におよぶ行政組織を通じた指導行政の流れである。具体的には、県や市町村自治体教育委員会におかれた指導主事による研修や学校訪問を通じて行われるルートである。二つには、教科書検定制度による検定を経た教科書によって伝えられる流れである。日本の教育行政は、他の先進諸国のそれに比べて、特にその縛りが強い。指導といいながら、実態は「指揮命令」に近いものまで行う。

これほどに影響力のある学習指導要領なので、日本の教育界ではほぼ一〇年ごとの周期で改訂され、その都度教育現場に影響をもたらしてきた。しかし不思議なことに、この文書について全体を通して熟読した人は、案外少ないのが実態である。多くは、自分の関心のある教科など、部分的なものに留まる。しかも、それでもまだよい方ではないだろうか。ほとんどは、文科省や教育委員会が講習会や研修会と称して、「正しい方針の上意下達方式の伝達会」に、強制的に参加させられることで終わってしまう現実がある。

学習指導要領では随所で、これからの子どもには「主体的・対話的で深い学び」が重要であると力説している。しかし肝心の教師には、こうした学び合いはほとんど許されていない。こういう現状では、教育現場での子どもの発達を促す効果的な教育を創り出すのは容易なことではない。それを打開する道は、具体的な教育内容や方法に関する行政指導ではできるだけ縛りを少なくし、教師及び教師集団の自主性や専門職性に委ねることである。そのことが結果的には、子どもの実態に即した柔軟で適切な指導が探究され、現場での創意工夫が効果的に発揮されることになるのである。

主体的に学びつかむ作業は、まずもって教師にこそ保障されなければならない。なぜなら人間が学ぶとは、自分の全人格を用いて、事実を分析すること、そして思考すること（その中には批判的思考が含まれている）、常に問い続けることなのである。このような探究の過程を通して、初めてその対象を「主体的につかむ」ことができる。

本書は、以上のような視点に立って、子どもの学習指導に関心のある方々に、学習指導要領を主体的に分析し、つかみ、学び合い、実践の方向性をつくっていっていただきたいという願いで編まれた。私たちがそのような主体になりゆくことが、混迷する教育界を改革していく道につながると思うからである。

学習指導要領を主体的につかむ作業に参加され、学習指導を本当に子どものためになるように改革する道を、ご一緒に歩んでくださることを期待している。

本書は、この三年間に多くの雑誌に書かせていただいた論文や、各地域での講演や、研究会での発表論文がもとになって、書かれたものである。第一章は、日本教育方法学会大会（二〇一七年一〇月七日、千葉大学）全体シンポジウムでの発表論文に補筆した。

なお、本書で直接の分析対象とした文書は以下のものである。

○中央教育審議会答申「幼稚園、小学校、中学校、高等学校及び特別支援学校の学習指導要領等の改善及び必要な方策等について」二〇一六年一二月二一日

○幼稚園教育要領、小学校学習指導要領、中学校学習指導要領、二〇一七年三月三一日

○特別支援学校小学部・中学部学習指導要領、二〇一七年四月二八日

目次

第一章　新学習指導要領の大きな変化

第1節　教育方法学研究からのアプローチ

中央教育審議会が学習指導要領改訂の基本方針を諮問して以来（二〇一四年一一月）、答申に至る過程があり、そして学習指導要領の案（二〇一七年二月一四日）から告示（同三月三一日）、さらには「解説」（同六月）公表を経て現在に至っている。しかし、子どもの教育実践に現場であたる第一線の教師たちには、それら膨大な文書の記述は、はたしてどこまで届き、内発的な共感や説得性をもたらしているのであろうか。なかでも自覚的に教育実践を創造しようとしている層の教師たち（文科省だって期待するであろう）に対して、提案は心に響き渡っているだろうか。

子どもの実態と日々格闘している実践者と、政策の立案と実行者と、さらにいえば教育学研究者との間には、たとえそれぞれが主観的には善意であろうとしても、関心や重点が置かれている認識の間には越えがたい溝があるのではないだろうか。二〇一七年夏、七つに及ぶ多様な教育研究集会に手弁当で参加してみての、私の率直な実感である。

どうしてそうなってしまったのだろうか。こうした齟齬《そご》の存在こそ日本教育の危機ではないか。教育学研究は、その打開にいかに有効に参画できるのか、それもまた問われている。

教育方法学研究の固有性について、私は以下のように捉えている。

「教育方法学研究の固有の注目対象は、広くは教育の場面、とりわけて授業および学校生活指導の場面において行われる、教育的働きかけ（教育技術）の構造と機能と効果についてである。

これらは人間同士の関係のなかで営まれるが、特徴的なのは、教育の実践主体（教師）が対象（子ども）に働きかける（変革的実践）ことによって、実践主体と学習・生活主体との間に相互作用が起き、その過程で子ども自身が成長・発達しそれにともない教師も変化する姿が見られる。固有な研究とは、その事実とメカニズムを解明し、さらなる実践につなげていく方略を見通すことである。（中略）

教育方法学研究の固有の特徴は、教育経営―教育目標―教育内容―教育方法―教育評価を分断せずに一連の相互に有機的に関連したものととらえたうえで、とりわけ方法の核心部分である教育技術の構想・計画・実行・評価について研究することにある。[*1]」

教育方法学研究の一環として学習指導要領を対象とする時は、教材文化を媒介にした教師と子どもとの相互関係において、子どもの変化過程を促す働きかけの解明を中心軸にして、それに影響を与える教育目標、教育内容、教育方法、教育評価、教育経営などの全体の連関構造を研究関心とする。本書では、今回改訂された学習指導要領が、教育現場に対してそれが縛りの体制を強めているのではないか、という問題関心から考察していきたい。

第2節　総則の劇的変化と「育成すべき資質・能力」の徹底

1　はじめて置かれた前文の意味と必要性

学習指導要領冒頭の総則を導くものとして、さらに前文が置かれたのは初めてのことである。[*2]まず前段では、改正された教育基本法（二〇〇六年一二月）の特定条項、ないしその一部分のみが引用されている。

はじめに第一条が引用される。「教育は、人格の完成を目指し、平和で民主的な国家及び社会の形成者として必要な資質を備えた心身ともに健康な国民の育成を期して行われなければならない。（傍線は梅原）」

この傍線部分は改正前には、「真理と正義を愛し、個人の価値をたっとび、勤労と責任を重んじ、自主的精神に充ちた」となっていて、憲法的理念に基づいた普遍的な価値が示されていた。ところが改訂では、教育基本法で新たに改正挿入された「必要な資質」の部分を受けて、それを学習指導要領で示そうという構図になっている。

次に、第二条の改正で散りばめられた「教育の目標項目」があらためて示された。一見いろいろ指摘されているように見えるが、文科省や教育行政からの説明では提示された項目には強弱があり、もっぱら「態度、公共の精神、伝統と文化、国と郷土を愛する」などが強調されている。もちろん「知識と教養、真理、個人の価値、自主及び自立の精神」なども書かれてはいるが、第二条の主文にある「学問の自由を尊重しつつ」という重要な文言を含めて、主文自体は前文の引用では省略されている。

前文の後段では、以上の改正意図を踏まえて、強調したいキーワードが綴られている。

持続可能な社会の創り手となる／よりよい学校教育を通してよりよい社会を創る／資質・能力を身に付け（る）／社会に開かれた教育課程／教育水準を全国的に確保する／資質・能力を伸ば（す）／生涯にわたる学習とのつながり

このように、総則の前文は、学習指導要領の各章による枠組みを超えて、今後における学校教育の役割を包括的に述べるという役割を持たされることになった。文科省が進めようとする教育政策の一環としてこの学習指導要領もあるのだ、ということを強調する書き方になっている。

2　総則の構造――従前のシンプルな三節から構造的な六節構成へ

総則は、表1（一六～一七ページ）にあるように、六項目によるまったく新しい構成にした。表でゴチック体にした部分が、二〇〇八年改訂の総則部分である。この二〇〇八年改訂までの総則の構成は、永年にわたって次のように、シンプルなものであった。それを今回は劇的に変えたものである。

第一　教育課程の一般方針
第二　内容等の取扱いに関する共通事項
第三　授業時数等の取扱い
第四　指導計画の作成等に当たって配慮すべき事項

今回の改訂では、小学校を例にみると、次のような六節構成になっている。……以下は私が整理したその主要な提起の内容である

第一　小学校教育の基本と教育課程の役割……主体的・対話的で深い学びの実現
第二　教育課程の編成……教科横断の視点で資質・能力の育成
第三　教育課程の実施と学習評価……学習評価の充実
第四　児童の発達の支援……児童の発達を支える指導の充実
第五　学校運営上の留意事項……教育課程の改善と学校評価等
第六　道徳教育に関する配慮事項……校長の方針の下、道徳教育推進教師中心に
　　全教師が協力

このように変わったのは、総則部分が従来とは異なった作成過程を経たことによる。それは学習指導要領を準備した中央教育審議会（二〇一四年一一月〜二〇一六年一二月）において、すべての審議に先立って教育課程企画特別部会が設置され、あたかも審議の司令塔のような役割を果たしてきたことによる。この部会は二六回開催され、まずは改訂の基本方針について審議し、途中では「論点整理」（二〇一五年八月）、「審議のまとめ」（二〇一六年八月）という文書公表を担い、以下各論にあたる各教科等の審議部会は、すべてこの教育課程特別部会の認識の範囲内での作業を求められた、という経過がある。この点でも今回の改訂過程は従来とは異なり、隅々に至るまで基本方針の縛りが徹底していた。

第１章　総則　その構成

	3	4
深い学びの実現	資質・能力の育成 （1）知識・技能の習得 （2）思考力、判断力、表現力等の育成 （3）学びに向かう力、人間性等の涵養	カリキュラム・マネジメント
資質・能力の育成 視点 育成	**教育課程編成の共通的事項** **（1）内容等の取扱い** **ｱいずれの学校でも、ｲ内容加えるも可、** **ｳ事項は指導順序ではない、** **ｴ２学年まとめ、** **ｵ２以上の学年学級、** **ｶ学校全体での道徳** **（2）授業時数等の取扱い** **ｱ年 35 週、ｲ児童会、行事など、ｳ適切に** ＜10～15 分授業、**給食＞、ｴ総合学習** **（3）指導計画作成の配慮事項** ｱ主体的・対話的で深い学びの実現 **ｲ各教科、学年の相互関連、ｳ２学年まとめ、** **ｴ合科的・関連的指導**	学校段階等間の接続 （1）幼稚園と小学校低学年 （2）小学校と中学・高校
を積極的に評価 計画的な取組み		
する児童への指導		
学校間の連携 **協力、ｲ他校交流**		
留意事項 2015.3 に改訂＞	集団宿泊、ボランティア、自然体験、地域行事などの活動	家庭、地域との連携

で新たに書き加えられた部分。表中の第１～第６は指導要領の文章の区分。

表１　小学校学習指導要領

		1	2
第1	小学校教育の基本と教育課程の役割	各学校は、適切な教育課程を編成する	主体的・対話的で （1）学力の３要素 （2）道徳教育 （3）体育・健康指導
第2	教育課程の編成	教育目標と教育課程の編成	教科横断の視点で （1）教科横断的な （2）資質・能力の
第3	教育課程の実施と学習評価	主体的・対話的で深い学びの実現（1）各教科等の「見方･考え方」、（2）言語活動、読書、（3）コンピュータ、プログラミング、（4）振り返り活動、（5）体験活動、（6）自主的、自発的活動、（7）学校図書館、博物館の活用	学習評価の充実 （1）よい点や進歩 （2）組織的かつ
第4	児童の発達の支援	児童の発達を支える指導の充実（1）ガイダンス、カウンセリング、（2）自己実現、（3）キャリア教育、（4）個別・グループ学習	特別な配慮を必要と （1）障害児 （2）帰国児 （3）不登校児
第5	学校運営上の留意事項	教育課程の改善と学校評価等 ｱカリキュラム・マネジメント、ｲ個別と全体計画	家庭、地域社会、 ｱ家庭、地域との
第6	道徳教育の配慮事項	校長の下、道徳教育推進教師中心に全教師が協力	各学年段階の ＜＊第６は、

注：ゴチック部分は2008年改訂と同じ、それ以外は、第６を除いて2017年改訂
　１～４はその細目

3　「育成すべき資質・能力」の規定

今次改訂のもっとも重要な概念は、「育成すべき資質・能力」の規定である。

（1）「生きる力」の補強としての三本柱構造

表2（二〇〜二一ページ）に見るように、学習指導要領の総則の冒頭に、教育目標としてめざすべき「能力」等が掲げられたのは、一九八九年改訂での「社会の変化に主体的に対応できる能力の育成」であった。それまでは、学習指導要領の総則ではそのような教育目標としての能力規定などは、書かれていなかった。それが一九九八年改訂からは「生きる力」が掲げられるようになった。しかもその「生きる力」とは、「知育・徳育・体育」で構成される伝統的な「知・徳・体」の三要素が並ぶ叙述で終わっていた。

今回も「生きる力」は残ったが、むしろそれを補強するという位置づけで「育成すべき資質・能力」が全面にわたって君臨しているのが、きわだった特徴である。

それは、次の三本柱からなり、しかもそれらは、ある文脈の中に位置づけられている。[*3]

①何を理解しているか、何ができるか……生きて働く「知識・技能」の習得

②理解していること・できることをどう使うか……未知の状況にも対応できる「思考力・判断力・表現力等」の育成
③どのように社会・世界と関わり、よりよい人生を送るか……学びを人生や社会に生かそうとする「学びに向かう力・人間性等」の涵養《かんよう》

三本柱というのだから、この三本が交わる先に、目指す人間像が描かれるのであろう。つまり人間形成は、能力概念を主軸に「ある方向性をつけられた」合成体の姿でイメージされている。「人格の完成（＝人間性の十分な発達）」というように、あらゆる人間性の要素があらゆる方向に発展して行くイメージとは異なった、特化した人間像である。

この三本柱を要素に分解すると、「知識・技能」「思考力・判断力・表現力」「学習意欲・人間性」になっているが、しかし、そこには諸要素が方向づけられる文脈が指定されている。

①の「生きて働く」とは、実に壮大で奥行きが深く、課題の把握と解決へのみちすじに絡んでいくことが求められている。これだけでも、文字通りに指導し実現させようとすれば教師には相当な教育技術が求められる。

②の「未知の状況にも対応できる」とは、予測不能な事態にあっても、諸能力を駆使し問題解決にあたることが可能な状態になることを期待している。これを真に実行しようとすれば、あらゆる能力の応用的な発揮が必要であり、大人でも、研究者でさえ、容易なことではない。

に書かれた、目標としてのめざす「能力」（ゴチックは梅原の強調）

7	1998.12.14	第１　教育課程編成の一般方針 １　（前略） 学校の教育活動を進めるに当たっては、各学校において､児童に**生きる力をはぐくむことを目指し**、創意工夫を生かし特色ある教育活動を展開する中で､**自ら学び自ら考える力の育成を図るとともに、基礎的・基本的な内容の確実な定着を図り**、個性を生かす教育の充実に努めなければならない。	○生きる力 ○基礎・基本の確実な定着
	2006.12 2007.6	**○教育基本法改正　必要な資質を備えた（国民）** **○学校教育法改正（学力の３要素規定）**	
8	2008.3.28	第１　教育課程編成の一般方針 １　（前略） 学校の教育活動を進めるに当たっては、各学校において、児童に生きる力をはぐくむことを目指し、創意工夫を生かした特色ある教育活動を展開する中で、**基礎的・基本的な知識及び技能を確実に習得させ、これらを活用して課題を解決するために必要な思考力、判断力、表現力その他の能力をはぐくむとともに、主体的に学習に取り組む態度を養い**、個性を生かす教育の充実に努めなければならない。	○生きる力 ○学力の３要素（学校教育法）
	2014.11～16.12	**○中央教育審議会（諮問～答申）**	
9	2017.3.31	第１　小学校の基本と教育課程の役割 ２　学校の教育活動を進めるに当たっては、各学校において、第３の１に示す**主体的・対話的で深い学びの実現に向けた授業改善を通して**、創意工夫を生かした特色ある教育活動を展開する中で、次の⑴から⑶までに掲げる事項の実現を図り、児童に生きる力を育むことを目指すものとする。 ⑴　基礎的･基本的な知識及び技能を確実に習得させ、これらを活用して課題を解決するために必要な思考力、判断力、表現力等を育むとともに、主体的に学習に取り組む態度を養い、個性を生かし**多様な人々との協働を促す**教育の充実に努めること。（中略） ３　２の⑴から⑶までに掲げる事項の実現を図り、（中略）児童に、生きる力を育むことを目指すに当たっては、（中略）**どのような資質・能力の育成を目指すのか**を明確にしながら、教育活動の充実を図るものとする。その際、（中略）次に掲げることが偏りなく実現できるようにするものとする。 ⑴　**知識及び技能が習得されるようにすること。** ⑵　**思考力、判断力、表現力等を育成すること。** ⑶　**学びに向かう力、人間性等を涵養すること。**	○アクティブ・ラーニングの視点での授業改善 ○学力の３要素（学校教育法） ○育成すべき資質・能力による生きる力の補強 ○資質・能力の３本柱

表２　学習指導要領（小学校）総則冒頭

	発行／改訂	第1章　総則冒頭部分での、目標としての「能力」規定	キーワード、備考
1	1947.3.20	第一章　教育の一般目標 一　個人生活については　二　家庭生活については 三　社会生活については	○特に言及なし
2	1951.7.10	I　教育の目標　　2　教育の一般目標 （1）個人生活　（2）家庭生活および社会生活 （3）経済生活および職業生活	○特に言及なし
3	1958.10.1	第１　教育課程の編成 １　一般方針	○特に言及なし
4	1968.7.11	第１　教育課程一般	○特に言及なし
	1971.6	○**中央教育審議会答申（46答申）「今後の学校教育……」**	
5	1977.7.23	２　学校における道徳教育は、…… ３　学校における体育に関する指導は、……	○道徳教育、体育の重視
		背景：**教育課程審議会答申（1976.12.18）での「改善のねらい」** 今回の教育課程の基準の改善は、**自ら考え正しく判断できる力**をもつ児童生徒の育成ということを重視しながら、次のようなねらいの達成を目指して行う必要がある。 ⑴　**人間性豊か**な児童生徒を育てること ⑵　**ゆとりのあるしかも充実した学校生活**が送れるようにすること ⑶　国民として必要とされる**基礎的・基本的な内容を重視**するとともに児童生徒の**個性や能力に応じた教育**が行われるようにすること	○自ら考え正しく判断できる力 ○人間性豊か ○ゆとりと充実 ○基礎・基本と個性・能力に応じた教育
	1984.8〜87.8	○**臨時教育審議会（第１次〜４次答申）** **個性重視の教育**	
6	1989.3.15	第１　教育課程編成の一般方針 １（前略） 学校の教育活動を進めるに当たっては、**自ら学ぶ意欲と社会の変化に主体的に対応できる能力の育成を図るとともに、基礎的・基本的な内容の指導を徹底し、個性を生かす教育**の充実に努めなければならない。	○自学の意欲 ○社会変化に主体的に対応できる能力 ○個性を生かす

前提として学びの自由と深化、さらには学習者に対する自己決定の尊重が不可欠になろう。③の「学びを人生や社会に生かそうとする」とは、たえず自己形成や社会創造に立ち向かおうとする姿勢を堅持して、ようやく可能となるようなきわめて高次のレベルである。そのためには、生き方の選択と個人の尊厳を保障する社会システムの構築が前提となる。

以上みてきたように、文面上はいとも簡単に表現してしまっているが、はたして小中学校教育で実現可能な目標であろうか。それとも、単なる願望を文字化しただけなのだろうか。

しかも、この第二、第三の柱にある「思考力・判断力・表現力等」や「人間性等」で使われている「等」には、限りなく概念が拡大される可能性が付与されている。特に「人間性等」には、人間に備わっているあらゆる能力や性向をさしている。さながら全人格まるごとという広がりがみられる。学校教育は厳密にいえば、人間形成のすべてを担いきれないし、すべきではない。このような表現は、実は教育の事業に対して不誠実で無責任であるともいえ、それがわかっていながら現場に求めるのであれば、それは傲慢《ごうまん》というべきものではないだろうか。

さらに重要なことは、この「資質・能力」規定は、これまでの他の「概念」との関係を意識してたてられている。以下ではその点について指摘していこう。

（2）法律化された学力三要素との連動

もっとも大きな関係は、すでに「学力」が法律によって規定されてしまっており、それとの整合性をつけさせられたことである。注目したいのは、教育基本法改正の翌年に「学校教育法」が改正され、その第三〇条二項に学力の三要素が定義づけされたことである。

①基礎的知識、技能の習得
②思考力、判断力、表現力の活用
③主体的に学習に取り組む態度

学校教育や教育実践現場において、もっとも重大かつ切実な概念の一つが「学力とは何か」である。だからこそ学力の探究は、学ぶ当事者、実践にあたる者、関心を寄せる者、期待する者たちが、事実と実践にもとづいて自由闊達《かったつ》に論議し合い、その過程で一定の合意を確保しながら、しかし実践が行われる限り、多様で常に更新されて行くべき性質のものである。

それが、国会という場で、法律に規定するか否かをめぐり、全く不十分な審議時間のもとで、ただちに多数決という、もっとも事象にふさわしくないやり方で「決定」されてしまった。これ以後、実践現場では学力に関する自由な論議は徐々に萎縮《いしゅく》して（なぜなら、「もう学力は法律でこう決まっているよ」という圧力の下で）きている。またこの学力の三要素は、全国学力・学習状況調査（全国いっせい学力テスト）における、いわゆるA問題、B問題、質問紙調査の根拠づけにされてしまっている。

今回初めて示された「資質・能力」規定の三本柱は、この学力の三要素と密接に連動している。その結果、学力規定が能力や人間像規定にまで延長されたかたちになってしまった。

（3）OECD・PISAや二一世紀型スキルなどとの近似性

さらに「資質・能力」規定には、グローバル社会において議論されている能力諸概念のなかでの関連性や位置づけを示すことが求められてきた。そこで、OECD／PISA（経済開発協力機構内に設けられた生徒の学習到達度調査）による国際調査で定義づけられたキー・コンピテンシーとも近似性を持っていることを示すことが必要となってくる。それだけにとどまらない。キー・コンピテンシー規定はEU及びEU構成諸国のもあるし、それとは別にアメリカなどでの二一世紀型スキルと呼ばれる概念もある。[*4]

以上を簡単な表にしてみた（表3）。

しかし注意すべきことは、諸外国での能力規定との間には、ぴったりとは連動しない構成要素や枠組みをかかえている。例えば、OECD／PISAのキー・コンピテンシーでみると、「コンピテンシーの定義と選択

キー・コンピテンシー概念との対応関係

③ 情意	出　典
学びに向かう力、人間性等	2016.12「中教審答申」
主体的に学習に取り組む態度	2007.6学校教育法30条2項
自律的に活動する	『キー・コンピテンシー』明石書店2006

表３　新指導要領の「育成すべき資質・能力」と学力や

	①　知識	②　スキル
1　育成すべき資質・能力	個別の知識・技能	思考力・判断力・表現力等
2　学力の３要素	基礎的知識、技能の習得	思考力、判断力、表現力の育成
3　OECD キー・コンピテンシー	相互作用的に道具を用いる	異質な集団で交流する

DeSeCo」プロジェクトでの提案は、三次元の枠組みによるものであった。[*5]

さらにこのキー・コンピテンシーでさえ、最近では再定義がされ、検討が加えられ続けている。そこでは、「メタ認知（自分の認知を、より上位の位置から自覚的に捉えようとする認知）」を基盤として、スキル（実践する）、人間性（行動する）、知識（知る）という新たな三次元で提案されている。[*6]

（4）「資質・能力」概念規定がもつあいまいさ

そもそもこれほど重要なキーワードであるはずなのに、「資質・能力」という日本語はいったい何を表現しているのであろうか。何人《なんぴと》にも誤解のない、解釈の違いのないわかりやすい用語なのであろうか。実は、そこからして解釈に幅を持つ概念なのである。

まず、資質と能力をつなぐ「・（なかぐろ）」の意味が曖昧《あいまい》である。「資質と能力」なのか、それとも「資質＝

能力」なのか、いずれでもなく「能力を軸に資質」を表したものか。

しかも「資質」という概念にも広がりがある。国語辞書類の説明では「資質」には、「生まれつき備わっているもの」という意味も含まれている。しかしそれならば「素質」という用語がよりふさわしい。「素質」を使わずにあえて「資質」というのには、誕生後の諸活動の過程で蓄積されてきた部分も強調したいためであろう。またこれまで教員養成の分野では、一貫して「資質能力」と表現されてきた。[*7] それとの整合性も問われている。

学習指導要領にはその定義の説明はない。では中教審答申では、どのように説明されているのだろうか。答申でも、「資質・能力」に関する定義は明確には規定されてはいない。第一部第三章2—(1)で、「『生きる力』とは何かを資質・能力として具体化し」と述べられているだけである。その部分の注三六、三七では、教育基本法第五条では「資質」と述べられていること、しかも、すでに二〇〇八年学習指導要領では、総合的な学習の時間に「資質や能力」という語が用いられている、と答申で指摘している。結論としては、「本答申では、資質と能力を分けて定義せず、『資質・能力』として一体的に捉えた用語として用いることとしている」と記されているだけである。

このように定義はしないが要素は示すとして、答申第五章二で「三つの柱」が指摘され、以後この三本柱が繰り返し使われるようになっている。[*8] 結局は、誰もが立ち戻れる議論の出発点である定義の共有がされず、そのために論者によって解釈や強調点に幅が生まれるという事態を招いている。

例えば、国立教育政策研究所の共同研究による説明では、資質・能力と知識、就業能力、人格などとの関係を検討した上で、複数の側面から定義できるものとしている。[*9]

第3節　カタカナ英語のキーワード

学習指導要領改訂の過程で新しさを演出したのは、キーワードにカタカナ英語をあてたことである。それらには、どのような効果が期待されていたのだろうか。また教育現場では、どのように受け止められているのだろうか。

1　アクティブ・ラーニングの翻弄された数奇な運命

あれだけ強調され教育現場に浸透させられたアクティブ・ラーニング（以下ALと略記）という用語は、学習指導要領からは一切消え、替わってそれと同じ意味である「主体的・対話的で深い学びの実現」が頻繁に使われるようになった（総則第一―二）。しかし、この数年間の流行語としてのＡＬの流れを振り返ると、審議の過程で翻弄《ほんろう》され数奇な運命をたどってきているといえよう。

まずＡＬの概念は、もともとはアメリカでの大学の授業改革のキー・ワードとなっていて、それを日本の大学教育に輸入した（中教審答申二〇一二年八月）のが始まりである。[*10]

もともと学習活動それ自体は能動的（アクティブ）な行為である。だから、そうした学習活動をさらにアクティブなものにしようと目指すこと自体は、推奨されてよい。しかしそれが、教育内容との関連抜きに方法の押しつけになったり、いくつかの型の普及に形式化されるとなると、話は別である。その懸念が現実のものになっているから問題としているのである。

このような心配が初等中等教育界で広がったのはほかでもない、学習指導要領改訂の基本方向を中教審に諮問した時に（二〇一四年一一月）、諮問者たる文科大臣自身が、あたかも結論を誘導するように四か所で言及し、そのために一躍「目玉」の存在になったのである。その時すでに「課題の発見と解決に向けて主体的・協働的に学ぶ学習（いわゆる「アクティブ・ラーニング」）」と定義づけもされていた。

その後、首相の私的諮問機関である教育再生実行会議が第七次提言（二〇一五年五月）を出し、そこでもＡＬへの授業の革新として七タイプの方法を例示した。同時に、特定の型による弊害の警告もしていたが、こうした例示はＡＬについていくつかの学習タイプ（型）を普及させる動きを加速化した。

さらに中教審教育課程部会の「論点整理」(二〇一五年八月)でも、ALの意義を強調しつつ、特定の型の普及ではないと歯止めをかけた。[*11] しかしその付属資料にはまたもや方法を例示していた(このときは四タイプ)のだから、この歯止めは徹底するはずもなかった。

二〇一六年、同部会「審議のまとめ」(二〇一六年八月)および中教審「答申」(二〇一六年一二月)になって、初めてALではなく、「ALの視点」=「主体的・対話的で深い学びの実現」と、用語の使用と定義を言い替えた。しかし、時すでに遅しの感があった。

さらに驚いたのは、学習指導要領(案)(二〇一七年二月)と告示(二〇一七年三月)では、AL表記を一時的に全面ストップさせ、「主体的・対話的で深い学びの実現」という日本語のみで通すことにしたことである。だが依然として、それがALの言い替えであるという等式は成立し続けている。カタカナ英語を使用しなかったことに関する文科省側の説明は、「学習指導要領は広い意味での法令にあたり、定義がないカタカナ語は使えない。ALは多義的な用語で概念が確立していない」(朝日新聞二〇一七年二月一五日付)というものであった。しかしこの理由は、次に述べるカリキュラム・マネジメントにもあてはまっているのに、そこでは日本語表記にしていないのだから、一貫性を欠いたものになっている。

混乱はまだ続く。告示された学習指導要領の文面で、せっかくカタカナ英語表記を一掃したはずなのに、その後の文科省解説「総則」(二〇一七年六月、四ページ)では、文中に再びアクティブ・ラーニングの用語が復活使用されている。カタカナ英語は生きているのである。

くり返し強調するが、学習の指導方法は、あらかじめそれだけが突出して適用されるはずはない。まずは、教育目標に基づいて指導内容が選択される。それを教材化する過程で、学習指導にふさわしい指導方法が工夫されるのであって、その逆ではない。また「深い学び」という視点は相対的な表現であって、到達点があるわけではない。

2 カリキュラム・マネジメントの特別の強調点

迷走するALとは異なって、カリキュラム・マネジメント（以下、CMと略記）は、総則のなかでわざわざ定義づけもされ、カタカナ言葉の普及と浸透が図られている。

「教育課程に基づき組織的かつ計画的に各学校の教育活動の質の向上を図っていくこと（以下『カリキュラム・マネジメント』という。）」（総則第一─四）

これまではこの意味を表す場合には、教育課程経営という用語があり、それとは別に創意工夫の観点を強調する場合には教育課程づくりとも言われていたのだから、定義を見る限り、とりたててカタカナ英語に替える必然性は読み取れない。

そこで中教審答申を見ると、これからのCMは三側面から捉えられるとの指摘がある（答申、

第一部第四章―二（二）。

①学校教育目標の達成に必要な教育の内容を組織的に配列する。

②教育内容の質の向上に向けて、教育課程の編成、実施、評価、改善のＰＤＣＡサイクルを確立する。

③教育内容と、教育活動に必要な人的・物的資源等を効果的に組み合わせる。

この三側面で、①と③はこれまでの教育課程経営や教育課程づくりでも述べてきた当然のことであるから、ＣＭという特別の言い回しの意味は、②にあるＰＤＣＡサイクルの確立ということになろう。

ＰＤＣＡサイクルとは、Plan 計画――Do 実行――Check 点検――Action 行動という一連の流れのことをいう。もともとは工場生産過程において、品質管理がうまくいくように各過程で点検していくシステムのことである。近年はそれが、組織内における管理システムに応用され、いよいよ教育の現場にも浸透してきたものである。さらには、学校経営に強く入り込んでいるこの手法を、教育課程の分野にも徹底するという姿勢の表れであろう。

また答申は、学習評価の項でパフォーマンス評価の導入を述べている。[*12] これは学力テストや指導要録に記す点数や記号評価法が強く支配し続けている現状にあっては、点数評価と一部パフォーマンス評価との両方が棲み分けして混在する状況を、ただ追認するものに留まっている。

3　図示化によって問題点、矛盾点、困難点が見えにくくなるという機能

学習指導要領改訂の方向性を示した代表的な図（三四～三五ページ）が、中教審答申等の付属資料の冒頭に必ずある。これは、以下の五項目が一応構造化されて、イメージ喚起に役立てられている。なお、図のA、B、C、Dと1、2、3は梅原が付け加えた。

A　育成すべき資質・能力＝コンピテンシー　competency, competencies

B　学習指導要領「第二章」以下で提示の教育内容項目＝コンテンツ　contents

C　主体的・対話的で深い学び＝アクティブ・ラーニング　active learning

D　教育課程経営＝カリキュラム・マネジメント　curriculum management
　（評価＝アセスメント　performance assessment を含む）

この図からは、Aをねらいとして Bの内容が提示され、それをCの方法視点から取り扱い、これら全体がうまく展開するようにDの点検が行われていく、という図式になる、ここで評価＝アセスメントは、Dの中に組み入れられている。

これを示して、学習指導要領はこれまでのコンテンツ中心からコンピテンシー中心へと構造変化したとか、目標―内容―方法―評価―経営の五者一体化が重要だとかの表現で、「改訂の特徴ないし方向性」が説明される。

図示化やモデル化は、イメージ喚起の一つの方法に過ぎない。この五者のそれぞれの中身においても相互の関連においても、個別に問題点や矛盾を見ることができる。

Aでは、すでに述べたように「生きて働く」「未知の状況にも対応できる」「学びを人生や社会に生かそうとする」などの文脈が複雑で、実現までには相当の困難が伴う。

Bでは、内容の量については「削減せず」の大方針だけが貫かれ、それによって生まれるであろう軋轢《あつれき》や無理難題への言及は許されない。また肝心な内容それ自体についても、すでに与えられたものとして受け取られる縛りがあり、その質や適切性をめぐる検討や討論も低調になっている。

Cでは、「ALの視点」（傍点梅原）と変えられたにもかかわらず、もっぱら学習の型の活動に力が注がれ、学習自身が受け身的に狭くなる傾向になっていることが指摘されている。

Dでは、いったいマネジメントの主体は誰なのかが問題である。学校長に権限を集中させるのか、それとも教職員集団の合意に基づいた協力・協同のカリキュラム運営なのか、いずれかによって経営の姿が違ってくる。

このように、A、B、C、Dそれ自体に、その本質に関わる検討点や問題点を多数含んでい

訂の方向性

なる資質･能力の育成

に生かそうとする
・人間性の涵養

2

未知の状況にも対応できる
思考力・判断力・表現力 等の育成

ようになるか

い社会を創るという目標を共有し
手となるために必要な知識や力を育む

教育課程」の実現

ラム･マネジメント」の実現

どのように学ぶか

C

主体的･対話的で深い学び（「アクティブ･ラーニング」）の視点からの学習過程の改善

生きて働く知識・技能の習得など、新しい時代に求められる資質・能力を育成
知識の量を削減せず、質の高い理解を図るための学習過程の質的改善

主体的な学び
対話的な学び
深い学び

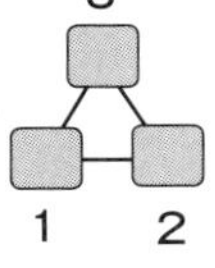

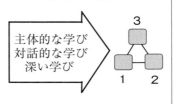

学習指導要領改

A

新しい時代に必要と

3 学びを人生や社会
学びに向かう力

1 生きて働く知識・技能の習得

何ができる

D

よりよい学校教育を通じてよりよ
社会と連携・協働しながら、未来の創り

「社会に開かれた

各学校における「カリキュ

B

何を学ぶか

新しい時代に必要となる資質･能力を踏まえた
教科･科目などの新設や目標･内容の見直し

小学校の外国語教育の教科化、
高校の新科目「公共（仮称）」の新設など
各教科などで育む資質・能力を明確化し、
目標や内容を構造的に示す。

学習内容の削減は行わない

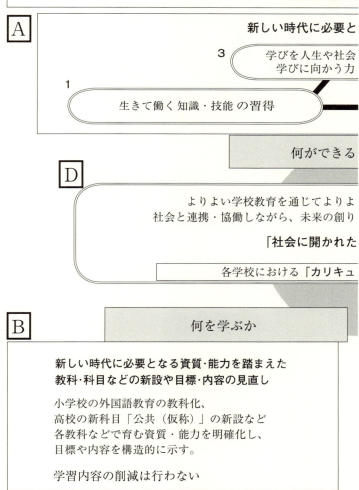

る。それにもかかわらず、あたかもうまくいくかのように改訂の方向性が図示されている。

第4節　「見方・考え方」を軸とした授業改善とは

1　学習指導要領と中教審答申との位置づけの違い

学習指導要領の総則で新たに強調された言葉に「見方・考え方」がある。まず学習指導要領総則での文脈を見てみよう。それは、「第三　教育課程の実施と学習評価」の一で「主体的・対話的で深い学びの実現に向けた授業改善」の七つの配慮事項があり、その第一に次のように指摘されている。

「(学力の三要素を発揮させることによって) 各教科等の特質に応じた物事を捉える視点や考え方（以下「見方・考え方」という。）が鍛えられていくことに留意し、児童が各教科等の特質に応じた見方・考え方を働かせながら……学習の充実を図ること。」

これに対して中教審答申では、「第五章　何ができるようになるか――育成を目指す資質・能力」の「三　教科等を学ぶ意義の明確化」の二番目に「各教科等の特質に応じた『見方・考え方』」が指摘されている。しかもそれを六つの面から多角的に述べている。

①（習得・活用・探究の）学習過程で「物事を捉える視点や考え方も鍛えられていく」。
②こうした「見方・考え方」は、大人の社会生活の中でも重要な働きをする。
③「この『見方・考え方』を支えているのは、各教科等の学習において身に付けた資質・能力である」。
④「各教科等を学ぶ本質的な意義の中核をなすのが、『見方・考え方』であり、教科等の教育と社会をつなぐものである」。
⑤今回の改訂で「見方・考え方」を「改めて明らかにし、それを軸とした授業改善の取組を活性化しようとするものである」。
⑥資質・能力を明確にしながら学習の内容と方法を重視し、「見方・考え方」を軸として授業改善の工夫を展開していく。

以上から明らかなように、中教審答申の方が深い位置づけとなっている。すなわち、資質・能力を頂点とした典型的な学習指導の構造図（三四～三五ページ）を捉えたうえで、各教科等の「見方・考え方」を主軸にして授業改善を行うことが推奨されている。しかも答申の脚注に指摘されているように、それは、学習で獲得される「汎用的な有用性を持つ力（ジェネリックスキル）」と「共通の方向性を持つ」と把握されている。このように中教審答申での位置づけが確定されていながら、学習指導要領ではそれとは異なった位置づけをしてしまっている。答申の確固たる枠内で学習指導要領は作成されたのだから、このような事例は、今回の改訂ではきわめて珍しい。

ではなぜ、学習指導要領では「主体的・対話的で深い学び」の枠内で論じられたのだろうか。その説明はなされていない。「見方・考え方」は重視されたにもかかわらず、いまだ共通理解に達していないように見える。こうなると、実際の授業改善場面では、アクティブ・ラーニングの視点から「見方・考え方」が位置づけられるという限定的に把握されたものから、資質・能力の強化や社会生活にも通用する広がりを持って位置づけられるものまで、きわめて幅の広い解釈と実践が横行することになろう。

2　各教科等で指摘される「見方・考え方」の画一的な表現

ではいったい、「見方・考え方」を働かせる授業とは、具体的にどのようなものとして表現されているのだろうか。答申の付属資料にその一覧表がある。なお学習指導要領の目標部分に

表４　各教科等の特質に応じた見方・考え方のイメージ（中学校）

中教審答申・別紙１

～の見方・考え方	イメージ
言葉による見方・考え方	自分の思いや考えを深めるため、対象と言葉、言葉と言葉の関係を、言葉の意味、働き、使い方等に着目して捉え、その関係性を問い直して意味付けること
地理的な見方・考え方	社会的事象を、位置や空間的な広がりに着目して捉え、地域の環境条件や地域間の結び付きなどの地域という枠組みの中で、人間の営みと関連付けること
歴史的な見方・考え方	社会的事象を、時間、推移などに着目して捉え、類似や差異などを明確にしたり、事象同士を因果関係などで関連付けたりすること
数学的な見方・考え方	事象を、数量や図形及びそれらの関係などに着目して捉え、論理的、統合的・発展的に考えること
理科の見方・考え方	自然の事物・現象を、質的・量的な関係や時間的・空間的な関係などの科学的な視点で捉え、比較したり、関連付けたりするなどの科学的に探究する方法を用いて考えること
外国語によるコミュニケーションにおける見方･考え方	外国語で表現し伝え合うため、外国語やその背景にある文化を、社会や世界、他者との関わりに着目して捉え、目的・場面・状況等に応じて、情報や自分の考えなどを形成、整理、再構築すること
道徳科における見方・考え方	様々な事象を道徳的諸価値をもとに自己との関わりで広い視野から多面的・多角的に捉え、自己の人間としての生き方について考えること
探究的な見方・考え方	各教科等における見方・考え方を総合的に活用して、広範な事象を多様な角度から俯瞰して捉え、実社会や実生活の文脈や自己の生き方と関連付けて問い続けること
集団や社会の形成者としての見方・考え方	各教科等における見方・考え方を総合的に活用して、集団や社会における問題を捉え、よりよい人間関係の形成、よりよい集団生活の構築や社会への参画及び自己の実現と関連付けること

は、「特別の教科　道徳」にのみ、「見方・考え方」という表現はない。この部分だけは先行して、二〇一五年三月に改訂されたものがそのまま踏襲されている。思うに、「見方・考え方」の全教科等への言及という方針は、改訂に関する中教審教育課程企画特別部会での審議経過のなかで次第に固まっていったものであろう。したがって、すでに教科書の編集と作成に入っていた道徳については、新方針に切り替える時間的な猶予がなかったものと推測する。

中教審答申の付属資料に書かれた「見方・考え方」について、代表的なものを抜き出してみよう（表4）。

これを見ると、見方・考え方のイメージの捉え方は、次のようにその特徴が指摘できる。

A 固有の事象 に着目して捉え、B 特有の方法 を用いて意味付け（関連付け）る。

この場合、道徳や総合的な学習や特別活動などが、直接的に「生き方」に関わる考えや問いを引き受けようとしている。その意味でこれらの学習は、一般の教科とは異なった考え方の構築につながっていく道を用意しているといえよう。しかしそれは、見方・考え方の趣旨が、創意工夫が発揮されて十分に生かされている時のことであって、もともと答申と学習指導要領とでは、位置づけられる文脈の違いがあるのであって、それが後に大きな実践の差を生みだす要因となることに注意する必要がある。

3 「見方・考え方」の強調をどう見、どう考えるか

学習指導要領で書かれた各教科等の記述では、その目標の冒頭に一様に「見方・考え方を働かせ」ることが強調されている。これをどう見たらいいのだろうか。

第一に、その具体的な中身は学習指導要領には書かれていないのだが、中教審答申の別紙資料に書かれたイメージでは明確に文章化されている。中学校について見ると、「～という見方で捉え」たうえで「何をどのように考えるか」の部分の記述では、三つのタイプに分けられる。

①言葉、数学、外国語など……「関係性を問い直して意味付ける」「論理的、統合的、発展的に考える」「自分の考えを……再構築する」などのように、自己の思考の深化・発展にまで求めていこうとするタイプ。

②地理、歴史、音楽、体育など……「～と関連づけること」で終わるタイプ。

③道徳、総合的な学習、特別活動など……「自己の生き方」に関わって考えるタイプ。

これは教科等が背負う課題をタイプ分けしたのであろうが、そうした作業は果たして妥当であろうか。すべての教科等の目標が、最終的な方向性としては「生き方の探究」にまで関わっ

ていくはずなのに、「見方・考え方」では必ずしもそうなっていない。同じような形式にはめ込んだのであろうが、その作業もいまだ整理途上なのではないかとの印象を持つ。

第二に、中教審答申と学習指導要領とで、「見方・考え方」の位置づけが異なっている点は、やはり問題把握の未成熟さが露呈してしまったと見るべきであろう。というのも今回の改訂は、従来とは比べものにならないほど、中教審の枠組みや強調点に忠実に従った学習指導要領にしようという力学が働いているからである。そのほころびの典型例の一つがこれである。

第三に、教科等でめざそうとしていることを、「A〜、B〜。」という表現形式で示すことによって、何かそれが、あたかも目新しいものであるかのような印象を与えてしまっている。しかし、これまでもそうであったように、教科等の学習指導は、広い意味での「学力」の深化をはかりながら「人格」の形成に向かって実践してきたのではなかったのか。そう考えれば、今回の「見方・考え方」という新たな用語による強調ではあっても、これまで求めてきた「大きな教育の枠組み」の中に包摂されているように捉えられる。したがって教育実践の探究や授業づくりの努力は、これまでの枠組みの延長線上に広く展開されていってよいのだと思う。

第5節　フォーマット化された各論記述

以上で、「第一章　総則」についての総括的な検討が終わり、本節から「第二章　各教科〜第六章　特別活動」の各論に入ることになる。総則の分析に多くを費やしたのはほかでもない、今次改訂は総則の構造やキーワードの枠組みが、これまでになく各論の叙述を強く縛っているからである。

1　各教科等では独自の表現を許さずフォーマットにあてはめる画一的な記述形式に

まず目を見張るのは、各教科等の叙述が、その形式も内容もともに統一化（画一化）されていることである。各教科のすべての目標項目で、教科の「見方・考え方」を示し、「資質・能力」の三本柱表示で終わっている。例として国語に見る目標作成のフォーマット化を抜き出してみる（表5、ゴチックは梅原）。

ここに見られるように、あたかも事前にフォーマットが示され、原案作成者はそこに各教科

表５　叙述の画一化の例（小・中学校の国語、ゴチック体は梅原）

	小　学　校	中　学　校
現行	国語を適切に表現し正確に理解する能力を育成し、伝え合う力を高めるとともに、思考力や想像力及び言語感覚を**養い**、国語に対する**関心を深め**国語を尊重する態度を育てる。	国語を適切に表現し正確に理解する能力を育成し、伝え合う力を高めるとともに、思考力や想像力を養い言語感覚を**豊かにし**、国語に対する**認識を深め**国語を尊重する態度を育てる。
改訂	言葉による**見方・考え方を働かせ**、言語活動を通して、国語で正確に理解し適切に表現する**資質・能力を次のとおり育成することを**目指す。 （１）**日常生活**に必要な国語について、その**特質を理解し適切に使う**ことができるようにする。 （２）**日常生活**における人との関わりの中で**伝え合う力**を高め、**思考力や想像力**を養う。 （３）言葉がもつ**よさ**を認識するとともに、言語感覚を**養い、国語の大切さを自覚し、**国語を尊重してその**能力の向上を図る態度**を養う。	言葉による**見方・考え方を働かせ**、言語活動を通して、国語で正確に理解し適切に表現する**資質・能力を次のとおり育成することを**目指す。 （１）**社会生活**に必要な国語について、その**特質を理解し適切に使う**ことが出来るようにする。 （２）**社会生活**における人との関わりの中で**伝え合う力**を高め、**思考力や想像力**を養う。 （３）言葉がもつ**価値**を認識するとともに、言語感覚を**豊かにし、我が国の言語文化に関わり、**国語を尊重してその**能力の向上を図る態度**を養う。

に関する用語をちりばめていく作業をしたかのように読み取れる。しかも、小学校と中学校との違いは、用語のちょっとした差異で示されているが、それが本当に学習指導の発展につながるような本質的な差には読めない。

例えば、小学校で対象にする日本語が「日常生活」上のことで、中学校ではそれが「社会生活」上であるというのは、事実に反するであろう。小中でそのような区別は不可能だからである。同じように、「よさ」と「価値」や、「養い」と「豊かにし」の表現の違いにも、何ら本質的な意味は見いだせない。

各論では、ほかに「プログラミング教育」「授業時数増加による時間割作成の困難」なども重要であるが、それは本書第二章にゆずり、ここでは特に学校教育全体に大きな影響を及ぼすと予想される二つの話題について、以下で検討する。

2 「特別の教科　道徳」――新教科書でさらに深まった矛盾

道徳教育については、表6に見るように、本来の道徳性を育てる指導と「特別の教科　道徳」による指導との間に、指導の基本をはじめいくつかの重要な点で、大きな違いがある。

二〇一七年夏に検定をパスした道徳の教科書が採択された。その結果、「考え議論する道徳」という教科の基本方針と、短い読み物中心でしかも教材のはじめに「この学習のめあて

（徳目の明記）」が書かれている教科書記述との間には、大きな落差があると見ざるを得ない。
教科にしたことで検定教科書が作成され、検定をパスするためには教材が学習指導要領に指定されているどの徳目に該当するかを、教材本文より先に書かねばならない。そうなると教材に入る前にすでに結論としての徳目が見えており、授業はこの徳目めざして進められる。その結果、「考え議論する道徳」にはならないのである（第二章第4節で詳しく論ずる）。

育の二つの道（梅原が作成）

教科書	学校や教室で	評価
なし	・生活上 ・必要に応じ ・その都度 ・慎重に行う	・言葉かけ ・その場で ・まとめて ・共感的に
あり 検定済	・道徳科が教育の要（カナメ） ・考え議論する ・道徳教育推進教師の指定	・記述式（やがて数値化への懸念） ・個人内で ・大くくり

3 小学校「教科　英語」がもたらす混迷

小学校五、六年で初めて「教科　外国語（英語）」が行われることになった。英語教育は早期に始めるのが良い、という判断からである。そもそも外国語（英語）学習については、表7に整理したように考え方の違いがあり、いまだ決着がついていない。しかも学校教育でいつから英語教育を始める（始期はいつか）のが適切

表6　道徳教

	指導の基本	価値や内容
本来の道徳性を育てる指導	人間教育にとって極めて重要 ・本人の納得と自主性を尊重 ・指導に強制はなじまない	平和　平等 人権　共生 格差解消
「特別の教科　道徳」による指導	道徳問題を考える姿勢 ・考え、議論する道徳 ・だから、教科にする ・アクティブ・ラーニングの視点で	上欄の価値なし 小低：19項目 小中：20 小高：22 中学：22

かについても、英語教育界でも論争があり、[13]決着がついていない。しかも専門的な養成を受けていない学級担任がほとんどを担当することになる。こうして「見切り発車」で出発が決まってしまった（第二章第3節で詳しく論ずる）。

4　批判的思考を抑制させ内容の削減や精選も認めない

先にみた改訂図（三四〜三五ページ）のBに関してであるが、学習内容の妥当性を吟味したり分析したりする際に、批判的思考を許さない例は多数ある。

例一　一九九八年以来今日まで、小学校六年生の歴史教育において、扱うべき人物として何ゆえに四二人が指定されたのか。それについて

表7　外国語（英語）学習の二つの立場

	基本的な考え方	始める時期	条件整備の課題
外国語学習の課題	母語・母国語の学習をしっかりし、それを基盤に、異文化としての外国語の学習を基礎から 国際共通語としての英語、アジア、ヨーロッパ語	・慎重に判断	・専門的養成を受けた教育者が担当 ・ALT（ネイティブスピーカー）派遣 ・教材・教具・学習環境の整備
教科英語の問題点	グローバル社会での国際語としてすぐに使える英語を	・早ければ早いほどよい ・シャワーのように浴びせる	・小学校は、学級担任が担当 ・見切り発車の現状、時間数確保が困難 ・早期から学習塾 ・英語嫌いが増加？

の説得性のある説明はいまだにない。

例二　小学校四年生国語の漢字学習で、四七都道府県のすべてを書くことができる、という指定の根拠は全くない。社会科四年生で「四七都道府県の名称と位置を理解すること」とあるが、これをもって新潟や岐阜などの漢字すべてを四年生で書かせるという根拠にはならない。

さらに、あらゆる学習指導で「主体的・対話的で深い学びの実現」が求められているのなら、それだけでもこれまで以上に学習時間が増えることにならざるを得ない。しかし、わざわざ「学習内容の削減は行わない」というように、ここでもきつい縛りを課している。

第6節　学習指導要領体制というべき縛りのシステム

1　学習指導要領体制システムを構成する八つの要素

ここでいう学習指導要領体制とは、学習指導要領そのものの記述に縛りの糸が貫かれているのに加えて、それを支え浸透させる幾重にも連なるシステムが張りめぐらされていることをさす。

①文科大臣の「官報告示」形式によって、法的拘束力の強化を志向している。そのために、あたかも法律であるかのように遵守を迫る圧力が教育界をおおっている。

②学習指導要領そのものを批判的な視点を含めて分析し、学校や教師集団が自分たちの頭で考えて精選したりつくり変えを行うという、本来の教育課程実践が困難になっている。

③その時点での政権の教育政策に沿って、さらに強調点が特化される傾向が強まっている。最近の例では、伝統文化、国や郷土を愛する心、領土などに関する政府見解にそった指導

などが求められている。

④学習指導要領だけでなく、さらに細かい指摘を書いた「解説書」（文科省作成の冊子に過ぎないもの）までもが、学習指導要領と一体のものとして扱われている。

⑤学習評価の基準に、学習指導要領に示された目標、内容、内容の取り扱いなどが充てられ、これらが一体のものとして扱われる。

⑥学習指導要領が、事実上その「解説書」を含めて、教科書検定の基準（検定意見および合否判断の根拠）にされている。

⑦二〇〇七年度から実施されている文科省による全国学力・学習状況調査（小学校六年生、中学校三年生）の出題基準とされている。その流れに沿って、次第に実施されてきた都道府県レベルでのいっせいテスト、さらに市区町村レベルでのいっせいテストが参入し、多くの学年で頻繁に学力テストが実施されている。

⑧指揮・指示のヒエラルキーの確立。その一方の流れは、文科省→各県教委→各自治体教委→各学校であり、もう一方の流れは、学校内における校長（副校長・教務主幹）→主任教諭・主任職員→教諭・職員という管理運営の上下関係の強化である。

2　子どもの学びはどうなるか

このようなシステムの縛りの進行で、子どもの学習はどのようになっていくのだろうか。報告されている子どもの状況と私自身の参与観察分析と教育方法学的知見に基づいて、予測してみたい。一言で表現すれば、学びの格差化と差別化である。

第一には、学習過程の深まり具合とその結果獲得した諸能力の質において、それまでに存在していた格差の拡大現象がさらに強まっていくのではないかという危惧《きぐ》がある。もともと義務教育の任務は、一般的に広い意味で社会が求める生活と労働を担う基礎教育の達成水準を原則として全員がクリアし、それ以上の達成を求めて後期中等教育へと送り出していくことである。しかし少なくない子どもたちが、その達成水準に未到達なまま、年齢主義の制度のもとで学校から出されてしまう。

この格差拡大を生み出す決定的な要因の一つが、学習指導要領体制という教育システムの縛りにあると私は考える。近年、子どもの自己肯定感の低さが指摘されているが、それは日常の生活や学習において、生活や学びの充実が得られていないことが影響している。

第二の予測は、学習過程における子どもの様態が、いくつかのタイプ（型）に分離されていくのではないかということである。それは以下の四タイプに整理できよう。

①現状の指導体制のなかで十分な手だてや支援がしきれずに、「わからないまま置いていかれる」ことによって、学習目標の喪失や学習意欲の喪失に陥ってしまいがちな、ある一定部分の子どもたちの存在がある。

②現在の学習指導状況に必ずしも合致しているわけではないが、「何とか追いついていこう」としている多数の層がいる。早いスピードやわかりにくさに感覚的に「おかしさ」を感じながらも、不満や疑問の正体が自分でもつかめず、それでも流れに乗ろうと必死になっている。「なんで算数・数学なんてやらなくちゃいけないの？」（この「しなくちゃいけない」という問いの表現、言葉遣いの独特さに注目）という根本的な疑問をもちながらも、自己責任論（できないのは自分が悪いという観念）にのみ込まれながら日々を過ごしている。

③学校と授業が「求めるもの」に、「積極的に適応していこう」とする層がいる。話し合い学習ではアクティブ・ラーニングもどきをこなし、発表では一応そつなくパフォーマンスを発揮する。「特別の教科　道徳」では、授業や教科書の初めに掲げている「学習のめあて」をしっかり読み取り、そこを落としどころに「自分の本音」とは必ずしも関わりなく議論を進めていく。

④いつの時代にも存在する、いわゆる「できる」層である。教科書教材や授業内容を自力でこなして、さらにその先の別の学習（進学・学習塾など）にも挑んでいる。例えば、英語で行う英語授業にもついて行くことができ、ＡＬＴ（外国語指導助手）とも臆せず会話す

る。同時にこの層でも課題を抱えている。それは分析力や思考力はあるが、はたして批判的思考力を発揮できているかは不明であるということだ。人間の尊厳や民主主義の価値を内在化しようとしているかどうかまでは見えない。

第三に予測されるのは、右にあげた学習の姿に見られる四タイプの子どもたちが、一緒の生活や学習空間で相互に助け合ったり交流し合ったりしているのではなく、いわば「棲《す》み分けて」存在しているのではないかという状況である。それは、小中一貫の義務教育学校、中高一貫の中等教育学校、進学重視の私立学校など、複線的に多様化された学校制度に分けられているばかりではなく、同じ学校環境にあっても右の四タイプの層は、日常的に深く交流することがないという状況である。

第四に予測されるのは、現在の学校教育は、大人にも困難な「人類が解決を求めている切実な課題」を真正面から取り上げて学習することを、巧妙に避ける傾向がみられるが、こうした傾向がますます進むのではないかということである。

○なぜ戦争はなくならないのか？　戦争は悪いといいながら、好戦的な政治リーダーがいるのはなぜか？　核兵器をなくしていくプログラム、原発で生み出される廃棄物処理の方法は？

○貧富の差はなぜなくならないのか？　むしろ格差が広がっているのはなぜか？　どのように平等原則が生きる社会を実現するのか？

○社会に、なぜ差別は生まれるのか？　それをなくしていく道筋は？
○地球温暖化対策など、地球環境問題への人類社会の対応は？

中教審答申には、子どもに対して、社会が求める課題への「問題解決力」を求めている文脈があるが、右に挙げたような切実な課題に向かうことまでは期待されていないように読める。「自らの生き方に関わる資質・能力」といいながら、切実な課題を認識する知識や枠組みの形成に深入りしておらず、最終的な価値判断についての選択や自己決定の権利を子どもにも認めるという立場も弱いのではないだろうか。

3　教師にこそ「主体的・対話的で深い学びの実現」の機会を

これまで述べてきたように、これは学習指導要領体制の根本的な矛盾なのであるが、子どもたちに「主体的・対話的で深い学びの実現」をめざす実践の主体であるはずの教師（集団）には、縛りと多忙化の中で、そうした学びがほとんど保障されていないという逆転した現実がある。学習指導要領の本体（小学校で一六八ページ、中学校で一五〇ページ）についても、中教審答申（二二三八ページ、それに付属資料が数百ページ）についても、現下の働き方のなかでは熟読はおろか通読することさえ不可能な状況である。それを見越して、重要な問題を省略したダイジェスト版や簡単な図式化で伝達しようとしていること自体が、教師が指導要領を主体的に検討する努力を妨げるものといわなければならない。

第7節　創造的実践と研究への道

それでは、子どもへの教育実践に直接的な責任を持つ、教師（集団）の創造的な実践と研究への道は、どのように築かれていくのだろうか。そのための視点と立場を指摘したい。

1　教育課程、教育方法の創造的実践への道

教育課程の編成と創造的実践、教育方法の選択と創造的実践の主体は、教師及び教職員集団によって構成されている学校にある。このことを再確認し、その道を柔軟に進めるためには、現在のきつい縛りの体制を解きほぐしていく必要がある。

そのためには、学習指導要領の「法的拘束性」なる性格を緩めることである。参考的基準か、それとも法律に限りなく近いかで、学習指導要領の性格規定をめぐる論議は永年綱引き状態にある。教育現場にいる学校関係者や教師集団に、より自主的・創造的な判断を与えていく（自

分たちの頭で考える）方向で改善する。

2 教師（集団）の自主性・専門職性・自律性の保障

教育実践にあたる教師及び教師集団の地位と権利を保障することが重要である。そのために、教師の自主的な判断や実践の幅を広げ、その専門職性を認め、自律性を確保させることである。もともと教育は、目の前の子どもに直接に責任を負って計画され実践されていくべきものである。

しかし実際の教育現場では、このような大事な原則が十分に認められているわけではない。むしろ、教育課程や指導のあり方は、学校長やさらにその上にある教育委員会のレベルで決め、現場の教師はそれに従って指導していくのだという観念が、なかば「常識」のようにおおっている場合すら見られる。だからこそ右の原則を再確認し、復権させる取り組みが求められている。

旧教育基本法第一〇条の「教育の直接的責任性の原則」が文面上は削除されたとしても、この原則は教育の条理であり、その実行が強く求められる。こうした自覚に裏づけられた教師の側には、教育実践の科学性と有効性が厳しく問われ続けられるものとなる。

3　教育実践現場と教育学研究との協力・協同の追求を

教師が実践を理論的な洞察に裏づけられて進めていけるよう、そのための共同ないし協同研究の推進ないし支援の立場として教育方法学研究の役割がある。また教育方法学は、たえず教育実践によって点検されながら、学の固有な発展を構築していく。そもそも教育方法学研究の出発点は、こうした相互の共同ないし協同研究の必要性から生まれたものである。

最後に学習指導要領と私たちとの関係の取り方は、いかなるものであろうか。「どう向き合うか」という問いの出し方もあろう。また別のスタンスもありうるであろう。[*14]

私自身は、これまでに展開した流れから、次のような立場に立ちたい。そのことによって、「各学校においては、……児童の心身の発達の段階や特性及び学校や地域の実態を十分考慮して、適切な教育課程を編成」（学習指導要領　総則　冒頭文）していく道へ踏み出すことができるのである。

①子どもの学びの発達を視点に、学習指導要領を主体的に読み込みつかんでいく。

②教師は、自主性・専門性・自律性を発揮した実践と研究の創意工夫を実行していく主体的な存在であると自覚する。

③私たちは、学習指導要領体制が生み出さざるをえない矛盾・弱点・無理難題を、主体的に乗り越えていく実践と研究の当事者である。

＊注

1　梅原利夫「教育方法学研究の固有性」『教育方法学研究ハンドブック』学文社、二〇一四年一〇月、一八ページ。

2　二〇〇八年改訂の学習指導要領では、文科省著で発行した「学習指導要領」（二〇〇八年七月）において、学習指導要領本体に先立って、いわば資料扱いとして、改正された「教育基本法」の全文が掲載されていた。しかし今回の改訂ではそれと異なり、本体の中にしかも強調部分が抽出されて書き入れられた。

3　中央教育審議会答申（二〇一六年一二月二一日）第五章―二、および文部科学省「小学校学習指導要領解説　総則編」二〇一七年六月、三ページ。

4　松尾知明『21世紀型スキルとは何か――コンピテンシーに基づく教育改革の国際比較』明石書店、二〇一五年二月。

5　D・S・ライチェン、R・H・サルガニク編著、立田慶裕監訳『キー・コンピテンシー』明石書店、二〇〇六年五月。

6　八木英二「新学習指導要領の『教育課程の枠組みの三つの柱』を考える」、民主教育研究所年報第一七号『新学習指導要領を読み解く』二〇一七年七月。

7　教員養成分野では、中教審答申「教員の資質能力の向上について」（一九七八年）以降、現在に至るまで「資質能力」という用語が使われてきている。

8　中央教育審議会答申（二〇一六年一二月二一日）では、正面から定義せずに、いわば操作的定義ないし要素的定義という仕方を採っている。

9　国立教育政策研究所編『資質・能力［理論編］』「第三章　そもそも資質・能力とは何でしょうか？」東洋館出版社、二〇一六年一月。

10　これらの流れは、以下の論文に詳しい。西岡加奈恵「日米におけるアクティブ・ラーニング論の成立と展開」『教育学研究』第八四巻第三号、二〇一七年九月。

11　学習の型の縛りは、地域に降りていくにつれて強くなっている傾向がみられる。ある県の教育委員会の指導では、ALの推奨として「ジグソー法」が強要されていて、現場を困惑させている。これは当該教育委員会の逸脱指導であるが、そもそもそうした「拡大解釈指導」を誘発させるような提案をした中教審審議に問題がある。

12　答申では、「論述やレポートの作成、発表、グループでの話合い、作品の制作等といった多様な活動に取り組ませるパフォーマンス評価」を行う、と述べている。

13　小学校への拙速な英語教育の導入に対する批判には、以下のようなものがある。鳥飼玖美子『本物の英語力』講談社現代新書、二〇一六年二月。鳥飼玖美子・大津由紀雄・江利川春雄・斎藤兆史『英語だけの外国語教育は失敗する――複言語主義のすすめ』ひつじ書房、二〇一七年五月、など。

14 石井英真『中教審「答申」を読み解く』日本標準、二〇一七年三月。石井は「新学習指導要領を使いこなす」という立場である。

補論 「アクティブ・ラーニングの視点」からの解放

アクティブ・ラーニング（能動的・活動的学習、以下ALと略記）という用語が教育界を席巻している。考えてもみよう、人間が学習するという行為はそもそも能動的・活動的なものなのである。それにもかかわらず、なぜ今、あえてそれが強調されているのか。どのような文脈で語られ、何がめざされているのだろうか。

1 それはアメリカの大学教育から始まった

ALの源は一九八〇年代のアメリカにさかのぼる。大学での伝統的な教授方法はレクチャー

（講義）といって、教員が自説（義）を講じるというもので、これはこれで必然性のあるやり方である。講義方式でも学生の知的刺激を起こし、能動的な学習を促すことはできる。しかしアメリカでは、そうした方法では現代の学生には効果がないという批判が起きた。溝上慎一によれば、「一方向的な知識伝達型講義を聴くという（受動的）学習を乗りこえる意味での、あらゆる能動的な学習のこと」と説明されている（『アクティブラーニングと教授学習パラダイムの転換』東信堂、二〇一四年一〇月）。

そのアメリカでも、ＡＬが受け身的になりがちな点が反省され、さらに深い学習が求められていることを示すものとして、ディープＡＬという用語も生まれている。

アメリカでの動きを受けて、日本ではその方式を大学教育に取り入れる政策がとられた。中央教育審議会答申「新たな未来を築くための大学教育の質的転換に向けて——生涯学び続け、主体的に考える力を育成する大学へ」（二〇一二年八月）がそれである。答申付属の用語集では、アクティブ・ラーニングの事例として「発見学習、問題解決学習、体験学習、調査学習等が含まれるが、教室内でのグループ・ディスカッション、ディベート、グループ・ワーク等」が挙げられていた。例示と型の普及という提案は、文科省の側から始められたことを忘れないでいたい。

2　小中高校に降ろされ迷走してきた

もともと大学教育で語られたものが、今度は高校以下にも降ろされてきた。しかも、初回の諮問段階ですでに結論にあたるＡＬが提起され、そのうえ審議過程では迷走している。その経過を見てみよう（「　」内は引用、それ以外は梅原による要約と評価）。

①中央教育審議会への文科大臣の諮問文（二〇一四年一一月）……「必要な力を子供たちに育むためには、……課題の発見と解決に向けて主体的・協働的に学ぶ学習（いわゆる「ＡＬ」）や、そのための指導の方法等を充実させていく必要があります」。このようにＡＬについての言及は計四か所もあり、これによって一挙に審議の象徴にされてしまった。「今度の改訂は、ＡＬが目玉だ」と。そして審議会内に教育課程企画特別部会というトップの組織が設けられ、以後そこが牽引車《けんいんしゃ》となった。

②教育再生実行会議、第七次提言（二〇一五年五月）……小・中・高校から大学を通じて、ＡＬへ授業を革新するといい、討論・話し合い、課題学習など七方法を例示。同時に行きすぎに歯止めをかけることも。「例えば、ＡＬなどを推進するに当たっては、……本来の目的から離れて、特定の型どおりに指導するといった硬直性を生んだり……するなどの弊

害を生まないよう留意する。」

③中教審教育課程企画特別部会の「論点整理」（二〇一五年八月）……「次期改訂が目指す育成すべき資質・能力を育むために」、ALは意義がある。また「特定の型を普及させることではない」と本文にはあるが、付属資料には、グループ調査・発表学習・ICT（情報通信技術）など四点にわたる指導タイプが例示されている。

④同部会「審議のまとめ」（二〇一六年八月）、および⑤中教審答申（二〇一六年一二月）……ALではなく「ALの視点」と修正して明記。それは子どもたちの「主体的・対話的で深い学び」の実現をめざす、学校教育で共有すべき授業改善の視点である（第七章）。

⑤改訂された学習指導要領の総則部分では、あえてALのカタカナ語はあてられず、「主体的・対話的で深い学びの実現」という用語で総計五か所述べられている。

しかし、学習指導要領改訂を導いた中教審では一貫してALが使われてきた。二〇一六年末の答申でも、「『主体的・対話的で深い学び』の実現（『アクティブ・ラーニング』の視点）」と明記されており、両者は同じことを表している。学習指導要領ではただ日本語表現にしただけで、ALの視点をやめたわけではない。

この経過からも明らかなように、そもそもALが改訂の象徴のように扱われている根本原因は、文科大臣が初めに諮問したその文章の中に、すでにALが多用されていたからである。つまり諮問時に結論が誘導されていた。しかも当初はALとだけいわれ、付属資料では写真で例示もされていたのに、答申に近づくにつれて今度は「ALの視点」といい変えられた。その理由は、司令塔の教育再生実行会議とそれの実行者の文科省から見ても、教育現場ではあまりにも「指導の型」のみの乱用が見られ、途中から軌道修正せざるを得なかったからである。しかし、いったん拡散しだした型の普及は、すぐには修正などできない。

3　本当に授業方法の改善になっているのか

学習指導要領で書かれる主要な項目は、各教科等の内容と指導の取り扱いであったのに、今回の改訂では、ことさら指導方法についてしかもカタカナ英語を用いて、その重点化が示されている。文科省は、「能動的な学習」と表現しただけでは伝わらない何かを、強調したがっている。以下は、そうした手法に対する私の見解である。

第一には、教育実践の原理的なことであるが、指導の方法はまずは指導の内容があってこそ初めて適切な方法が選択されるのであって、絶対にその逆ではありえない。しかしALの流行は、事実上「まずはALありき」から出発する。内容如何《いかん》を問わず、ALをさせたいのである。あるいは、内容はすでに学習指導要領に示している、だからその批判や削減は許されない、あとは例示された指導方法に力を入れよというメッセージになってしまう。

第二には、今回の改訂方針の特徴は、目標（コンピテンシー）―内容（コンテンツ）―方法

（アクティブ・ラーニング）―評価（パフォーマンス）―経営（マネジメント）の五過程の一体化によって、学習指導要領通りに実施するよう強い縛りがかけられていることである。しかも、すべてにカタカナ英語が対応させられていて、新しさを演出しているのも見事（奇妙）である。

第三には、学校ごとにＡＬを掲げるか否かが、文科省主導の教育改革に「忠実に従っているかどうか」の判断基準にされてしまっていることである。これがＡＬ強調のもっとも深層のねらいなのではないかと推測する。「改革のバスに乗り遅れるな！」とばかりに、教育現場ではＡＬの言葉が氾濫している。だがいったい「バスはどこに行こうとしているのか」。それを問い直すことが、はじめに求められているのではないか。

4　育成すべき資質・能力と教育課程経営

新しさを演出するカタカナ語はＡＬのみにとどまらない。実は今回の改訂でもっとも重要な概念は、教育目標である「育成すべき資質・能力（コンピテンシー）」である。二〇〇六年に改正された教育基本法第一条で、「教育は、人格の完成を目指し、平和で民主的な国家及び社会の形成者として必要な資質を備えた心身ともに健康な国民の育成を期して行われなければならない」と、傍線部分（梅原）に変更された。この「必要な資質を備えた」を受けて、それを中教審が定義しようとしたものである。ちなみに改正前の傍線部分は、「真理と正義を愛し、個人の価値をたっとび、勤労と責任を重んじ、自主的精神に充ちた」という理念が明示されていたが、これが削除されてしまった。

今回の答申では、育成すべき資質・能力とは、「①個別の知識・技能、②思考力・判断力・表現力等、③学びに向かう力、人間性等」の三本柱から成っており、教育がめざすべき人間像はこの柱で構成されるとした。この三本柱は、すでに法律という形態で定めてしまった学力の三要素（二〇〇七年）に連動しているものである。

こうして今回の改訂の構造は、別頁のように図示されている（本書三四～三五ページ）。すなわち、目標（何ができるようになるか）としての資質・能力に向かって、学習指導要領（何を学ぶか）の内容項目が示され、それをＡＬの視点（どのように学ぶか）から改善し、学校でこれらがうまく働くようにするのが教育課程経営（カリキュラム・マネジメント）であると。

しかし、これらはあくまでも図示された限りのものであり、それがうまくいく保障はどこにもない。カタカナ語によるキーワードと巧みな図示化は、なんとなくそれでうまく行くような錯覚をもたらしており、結果として学習指導要領の無理と矛盾をおおい隠す働きをしてしまっている。

5　教育現場での実態と苦悩

ＡＬの実施を迫る圧力は、すでに教育現場に広く浸透している。しかも多分に一面的な受けとめとパターン化された形態によって。その犠牲は教師と子どもに集中する。

ある若手の小学校教師は言う。ＡＬは、「学習方法のみが重視され、『グループ学習』『手を挙げること、意見を言うこと』が評価の対象になっている。……その方が教師にとっては『評価』しやすく、安心なのである」。評価という「成果主義が、教育に蔓延《まんえん》している」。（内田蒼汰「現場にアクティブ・ラーニングの曲解」『人間と教育』二〇一六年秋号、旬報社）

また別の教師からの報告もある。ＡＬ評価が徹底されれば「それを感じとり、主体性・活発さを演じる子どもが現れてきてもおかしくはない」。（東畑優「現場から見たＡＬ『騒ぎ』」『教育』二〇一六年一一月号、かもがわ出版）

さらに特別な教育ニーズを持った子どもたちについて見れば、その学習形態はさまざまであって、その実態に即した指導方法が編み出され実践されてきた。自らの世界に閉じこもり、少ない動作のなかでもじっくりと考え続けるタイプの子どももいたり、そもそも対話的な交流が苦手な子どももいる。答申はそこでもＡＬの視点を貫けと迫る。

こうした事例に事欠かないが、これら「逸脱」や「いびつ」な普及実態を見て、文科省はいつものように、「改革の意図が正確に理解されていない」と現場の無理解のせいにしたがる。しかし迷走した提起をしてきたのはほかならぬ文科省なのであって、その責めを現場に転嫁するのは筋違いというものである。

6 アクティブ・ラーニングの呪縛から自由になる

以上のような、はやり言葉としてのＡＬの氾濫《はんらん》に対して、私たちはどのようなスタンスで対応していったらいいのであろうか。

第一には、自主性を抑えつける方針の呪縛から解き放たれて、教育実践の創意工夫を実践者の手に取り戻すことが重要である。中教審答申本文は二四〇ページにもなり、別紙は四六ページ、別添え資料は一一三ページ、補足資料は二三二ページにものぼる。これを、多忙な教師がじっくり読めるゆとりもなければ学び合う機会もない。そうなれば上からの解釈や指示に従わざるを得ない。実践者自身に「主体的・対話的で深い学び」が保障されていなくて、どうして子どもにそれが可能となるのであろうか。

第二には、指導方法の選択は内容の創造とともに、実践者とその集団の自主的・創造的な判断にゆだねられるべきものである。今回のような、目標の固定化、内容の画一化に沿った方法の強要は、本来柔軟であるべき指導方法自体の硬直化を招いてしまう。これでは教育改革に背反する結果を招いてしまう。
第三に本当に必要なのは、子どものなかにアクティブな学習の姿を拾い出し、深く分析していくことである。はじめに述べたように、学ぶとはもともと積極的な行為であって、学びたい要求や意欲と指導や支援したい願いとが絡まって、初めて成り立つ人間的な行為なのである。それは実際に多くの学習場面に現れている。そうした学習の指導を進めていくことこそ、本来の能動的な学習の視点が生かされる道である。

ＡＬは自己目的化されるものではない。ＡＬは、それが採用される必然性を持って適用される指導方法の一つである。子どもの実態から出発した教育の目標と指導計画を、学校全体・学年・学級それぞれで具体化し自主的に実践して行けるよう、教師および教師集団の専門性（プロフェッショナリティ）が発揮されることによって、指導方法は生きて働く。

ＡＬという指導方法それ自体に問題があるわけではない。しかし、ある特定の文脈にはめられ特別の強調点がつけられ一面的に強要されると、とんでもない「ゆがみ」が生じてしまう。能動的な学習方法の受動的な受容という、逆立ちした戯画（カリカチュア）に陥らぬよう、警戒心を持って指導実践に臨みたい。

なお、告示された学習指導要領は、その総則部分ではあえてＡＬのカタカナ語はあてられず、「主体的・対話的で深い学びの実現」という日本語で計五か所にわたって述べられている。しかし学習指導要領改訂を導いた中教審では、一貫してＡＬが使われてきた。その答申でも「『主体的・対話的で深い学び』の実現（『アクティブ・ラーニング』の視点）」と明記されており、両者は同じことを表している。

資料　学習指導要領（案）への公募意見（パブリック・コメント）

文部科学省へ送信　二〇一七年三月一三日

初めて書かれた前文には、改正意図が顕著に表現された教育基本法第一・第二条（目的と目標）のみを部分的に引用しています。総論にあたる総則部分の構成と重要な概念が大きく劇的に変えられ、分量も二倍に増えました。

総則では、従来の生きる力の補強に、育成をめざす資質・能力に特化された三本柱（知識・技能、思考力等、人間性）が掲げられ、主体的・対話的で深い学びの実現（アクティブ・ラーニングの視点の言い換え）が強調され、カリキュラム・マネジメントが強要されています。学習評価・学校評価がそれらと一体化され、その結果現場にはきつい縛りとなります。

キャリア教育、プログラミング体験なども書き加えられました。

いずれも、昨年末の中央教育審議会答申の総論に忠実に沿っていて、その問題点が反映しています。社会に開かれた教育課程とは名ばかりで、選別した特定の人材を求める社会要求に応えようとしています。これでは「できる子」も伸びません。

各教科等の各論では、記述の画一化が見られます。はじめに各教科等の見方・考え方を書き、育成する資質・能力の三本柱に即して内容を具体化しています。

全体を通して、道徳、言語、英語、理数、伝統や文化、体験活動が重点になっています。トピックな話題では、全都道府県名の漢字配当（小四まで）、租税教育や固有の領土の指示（社会）、オリンピック関連事項（道徳、特別活動）、算数の領域見直し（小）が目立ちます。

小学校五年から新教科となる英語では、五領域ごとに目標と内容が指示され、中学では授業を英語でやるのが基本とし、無理を押しつけています。

強制力の強い教育行政の下では、上位下達の講習や研修と、厳しい検定を経た教科書とが教室で合流し、教師と子どもを一層強く縛ることが懸念されます。

この夏に教科書が採択され、二〇一八年度から小で実施される「考え議論する道徳教育」が、改訂の先導役を担わされるでしょう。

以上から、案では教育がよくなるとは判断できません。抜本的に書き換えられるべきものだと考えます。

第二章　各論でつかむ改訂の特徴

第一章で述べた改訂の総括的な特徴は、すべて各論にも貫かれている。この章では、いくつかの各論に分け入って分析してみることで、さらに改訂の特色を浮かび上がらせてみたい。

第1節　幼稚園教育要領と小学校学習指導要領との連結

1　幼稚園教育要領と保育所保育指針の改訂

注目すべきは、小学校・中学校の学習指導要領改訂と同時に、幼稚園教育要領と保育所保育指針も改訂されたことである。すなわち、幼児教育と初等教育の密接な連結が方針とされた。その背景には、幼児教育に関する教育基本法（二〇〇六年）と学校教育法（二〇〇七年）での重大な改正がある。まず教育基本法に新たに第一一条として「幼児期の教育」が置かれた。それに伴い、学校教育法での位置づけの変更が行われた。

学校教育法第一条（学校の定義）
〈従前の規定〉この法律で学校とは、小学校、中学校、高等学校……及び幼稚園とする。
〈二〇〇七年改正〉この法律で学校とは、幼稚園、小学校、中学校、高等学校……とする。

したがって従前の学校教育法では、「第七章　幼稚園」というように最終部分に置かれていたのが、改正では、「第三章」になり、小学校の前に位置づけられ、しかも次の傍線部分の文言が新たに挿入された。

「第二二条　幼稚園は、義務教育及びその後の教育の基礎を培うものとして、幼児を保育し……その心身の発達を助長することを見的とする。」

幼児教育に関わる教育課程については、所管省の異なる三種類の要領が改訂された。
○文部科学省……幼稚園教育要領
○厚生労働省……保育所保育指針
○内閣府・文部科学省・厚生労働省……幼保連携型認定子ども園教育・保育要領
教育課程に関する基本方針は同一なので、ここでは幼稚園教育要領をもとに分析する。
まず総則を見ると、その書き方やキーワードを含めて、小学校のものとほとんど一致していることがわかる。すなわち、資質・能力、見方・考え方、主体的・対話的で深い学びの実現、カリキュラム・マネジメントなどが、小学校と同じ文脈で用いられている。

2　幼児教育一〇の姿にみる達成目標化

その上で目立った特徴は、「幼児期の終わりまでに育ってほしい姿」が、次のように一〇項目にわたって掲げられたことである（梅原が要約した）。

①健康な心と体……自ら健康で安全な生活をつくり出すようになる。
②自立心……様々な活動を楽しむ中で、しなければならないことを自覚し、……諦めずにやり遂げることで達成感を味わい、自信をもって行動するようになる。
③協同性……友と関わる中で、……協力したりし、充実感をもってやり遂げるようになる。
④道徳性・規範意識の芽生え……してよいことや悪いことがわかり、……決まりを守る必要性がわかり、……決まりをつくったり、守ったりするようになる。
⑤社会生活との関わり……家族を大切にしようとする気持ちをもつとともに、地域の身近な人と触れ合う……。様々な環境に関わる中で、……公共の施設を大切に利用する……。
⑥思考力の芽生え……身近な事象（への）多様な関わりを楽しむ。自ら判断したり、考え直したり（しながら）、自分の考えをよりよいものにする。

⑦自然との関わり・生命尊重……自然への愛情や畏敬《いけい》の念をもつ。命あるものとしていたわり、大切にする気持ちをもつ。
⑧数量や図形、標識や文字などへの関心・感覚……数量や図形、標識や文字に、親しみ、気付き、活用し、興味や関心をもつ。
⑨言葉による伝え合い……絵本や物語に親しむ。言葉による伝え合いを楽しむ。
⑩豊かな感性と表現……表現する喜びを味わい、意欲をもつ。

これは「～するようになる」という表現に典型的なように、幼児教育を達成目標を中心に再構築しようとしたものである。これは、中教審答申によれば、従来からの幼児教育の「五領域等を踏まえ、特に五歳児の後半にねらいを達成するために、教員が指導し幼児が身に付けていくことが望まれるものを抽出」したものであるというが、それ以上にこの一〇項目に与えられた役割には、新たに質的な変化が見られる。

では、その一〇項目を見てみよう。学習指導要領が掲げてきた従来型の「知・徳・体」という三育の構成からみると、①が体育にあたり、②～⑤が徳育にあたり、⑥～⑩が知育にあたるものである。

特に目を引くのが、人間関係や徳育にあたる項目が強調されていることである。しかも、この表現通りに「まじめに」達成しようとすれば、とても無理ではないかと思われることが「あたりまえの装い」をして書かれていることである。以下で気がついた点を指摘したい。

②では、幼児が自分で「しなければならないことを自覚」するとあるが、これは相当に難しいことである。その上で「諦めずにやり遂げることで達成感を味わ」うに至っては、幼い子どもにここまで厳しさを求めるのかと疑問に思う。その結果、幼児が「自信をもって行動する」とは、いったいどういう姿を期待しているのだろうか。小中高校で求めている「たくましい日本人」の幼児版のようにさえ感じられる。

幼児の「自信」は、そもそも大人が考える自信とは違うのではないか。幼児はあれこれと揺れ迷いながら、しかも「今はこれでいきたい」と選択的に行動するのではないか。このような微妙な点を十分に配慮することこそ、幼児教育では重要なのではないかと思う。

④では、「してよいことや悪いことがわか」るというのも、簡単なことではないだろう。「よい、悪い」がわかること、それは心の内面の複雑でジグザグの葛藤《かっとう》を経て、かろうじて判断基準が形成されてくるものであって、決してやさしいことではない。「決まりをつくる」に至っては相当に高度な行為であり、幼児教育の達成目標としてふさわしいか疑問である。

⑤では、「家族を大切にしようとする気持ちをもつ」とあるが、これも、単純ではないだろう。家族内での行き違い、けんかや確執、叱責《しっせき》や反抗など、日々の生活では複雑な感情が交差している。しかし例えば、病気の時の家族からの必死の看病などから「ありがたさ」や「大事にされている」感情を受けとめるのであって、こうした体験は子どもによって千差万別である。

このように検討してみると、この「育ってほしい姿」像は、幼児の発達の道すじからは現実離れしているように見える。「美しい言葉」が散りばめられているが、これをまじめに実現させようとすればどれほどの困難があることか。この像の達成度で実践の到達点を測ろうとすれば、相当なプレッシャーが現場にのしかかってくる。そうではなく、もしも単なる願望を述べただけというのならば、これほど無責任な表現はない。

一〇の達成目標が示されたことで、これが小学校入学時の姿として、幼児教育現場をおおってしまうことが懸念される。幼児教育の質の変化が進行するのではないだろうか。

3 小学校教育への一体化路線でいいのか

こうして見てくると、幼稚園教育要領にみられるような幼児教育と小学校教育とは、これまでの「密接な連携」の関係ではあきたらないでさらに強化し、むしろ「連結」「一体化」の方向に踏み出そうとしていると捉えざるをえない。幼児教育は、そのような一方向のみ強化の連結路線でいいのだろうか、それが問われている。

つまり幼児教育は幼児期にふさわしい独自の実践が縦横に展開される必要があるのであって、これまでの幼児教育の実践はこうした独自の世界を豊かに築いてきた。

法律上のドッキングを受けて、学習指導要領でもその方針が徹底された。しかし、こうも性急に小学校教育と一体化されなければならないのか、とても疑問に思うのである。

第2節　国語と算数などにみる基礎学力観

1　学力の法律化が、柔軟な議論と実践を抑えた

日本の教育界でもっとも活発に論議と実践が繰り広げられてきたテーマの一つが、「学力とは何か」である。それは「教育とは何か」の問いにつながる永遠の課題である。教育実践のあるところ、必ずや学力論が沸き起こってきた。そうした活発な論議や実践の交流が豊かな学力論をつくり出してきた。しかし、教育がめざす学力の中身が法律で定められてしまった。これは教育の柔軟で多様な試みを破壊し、硬直化に向かわせる重大な損失をもたらしている。二〇〇六年の教育基本法改正を受けて直ちに着手されたのが、二〇〇七年に実施された学力の法制化である。すなわち学校教育法第三〇条二項で、学力（小学校）を次の三要素で規定してしまった。

①基礎的な知識及び技能の習得
②活用による思考力、判断力、表現力の育成

③主体的に学習に取り組む態度

この規定によって、学習評価の基準も三観点（習得、活用、態度）になり、全国いっせい学力テストの問題（A問題、B問題）と質問用紙（学習意欲や態度）の根拠とされた。

もともと学力の論議は、子どもと地域の実態に応じて自由闊達《かったつ》に行われる中で、次第に合意が図られていくものであり、それぞれ固有の表現でまとめられていく。そこで重要なのは、教育に関わる者がそれぞれの実践を背景に多様な捉え方をし、交流していくことである。学力の法定化は、こうした多様さや柔軟さの発揮を抑え込もうとする役割を果たしている。しかしいかに法制化されたとはいえ、教育実践のあるところ学力論議や探究は決してなくならないのであって、今後も活発な検討をくり広げ、実践の豊かさや多様性を広げていきたい。

2　日本語教育

国語から始まる学習指導要領第二章の各教科の目標は、本書第一章第5節でみたように、フォーマットにあてはめたような画一的な表現形式にされてしまった。つまりすべての教科で「見方・考え方を働かせ」、「資質・能力」の三本柱に沿うような規定になっている。

国語の目標で強調されているのは、「言語活動を通して」という一句である。近年、国語教育の世界では「言語活動重視」の傾向が強まっているが、これはそうした流れの反映である。

しかもその場合の活動とは、言語による情報操作のスキルを駆使する行為のことをさす場合が多くなった。学力テストにも出されるようになったが、例えばスーパーマーケットの店長が客の購買意欲をそそるチラシをいかに効果的につくるか、といった類の問題に挑戦させることが新しい傾向とされている。この分野の能力開発に時間と労力が費やされている。

このような傾向のなかで、国語教材のうち「文学作品の深い読み」、すなわち日本語を駆使した重要な表現の読みや、自らの感情や主張を表現するのにふさわしい言葉選びの学習などの比重が軽くなってきている。

言語は互いのコミュニケーションの重要なツールであるとともに、言語を媒介にして思考を深め、深められた思考を表現するのにふさわしい別の敵切な言語が選ばれるというように、言語と思考の相互作用によって人間性が築かれていく。こうした言語教育の基本をしっかりと貫いていくことこそ重要である。

しかも改訂全体で「我が国の伝統文化」が強調されたために、国語にもその影響が及んだ。「我が国の神話・伝承などの読み聞かせを聞くなどして、我が国の伝統的な言語文化に親しむこと」が前回よりも上位に書かれるようになった。国語教育の基本的な構図のなかで、そこだけが不自然な扱いにならないような注意が必要ではないか。

いつも指摘されることだが、学年別漢字配当表の妥当性にも問題がある。なぜならこの表があるために各学年の教科書に載せる漢字が規制され、教科書編集者を困らせる原因になっているからだ。今回は、小学校四年生で日本全国四七都道府県の漢字が書けることが目標となり、随分と無理な学年配当表になった。該当する県の子どもがその漢字を書けることがあってもいいとは思うが、「新潟」「岐阜」「滋賀」などを全国の四年生が全員書けなければならない、という根拠はどこにもない。小学校四年生で日本地理を学ぶからといって、国語でその漢字が書けることは別次元の問題である。このために、四年生には県名に関わる「新漢字」が二〇文字も増えたため、玉突き現象で五、六年生に移行させられた漢字が二三文字にものぼる。そのために新たな漢字負担は、四年生で二文字、五年生で八文字、六年生で一〇文字、総計二〇文字の増加となった。

3 算数・数学教育

小学校段階から「数学的活動（これまでは算数的活動）を通して」、資質・能力の三本柱の育成が強調された。小学校では教科名は算数なのに、ことさら「数学的（な見方・考え方、活動、に考える、な表現）」などという用語にこだわるようになった。小中高を一貫して見通す教育課程の反映である。

内容の四項目が「A数と計算、B量と測定、C図形、D数量関係」だったのが、「A数と計算、B図形、C測定（一～三年）又は変化と関係（四～六年）、Dデータの活用」に変更されたのは注目される。量という概念の軽視と活用への注目の表れであろうが、CとDのまとめ方は、いまだ過渡的であり、これで安定しているとはいえない。

これまでの算数・数学教育が抱えていた大きな問題、すなわち各学年に教材を分割して散りばめる要素分散主義（例えば分数は二年から六年にまで分散）は、今回も踏襲されている。さらに中学校数学で典型的な、現実世界を読み取るのに有効な数学の世界ではなく、それらと切り離された数式や図形の形式操作の世界に埋没しがちな傾向も、改善されてはいない。

数学は抽象的であるが、それは現実世界を「数や図形」の視点から読み取ったものであり、学びの過程では現実との往還作業が重要である。この点では、言語が現実を表す記号として豊かな世界を築いているのと同じである。リテラシーが、その力を用いて背後にある世界を読み解いたりしていく能力の体系であるとすれば、読解リテラシーや数学的リテラシーなどは、基礎的な学力として豊かに培われる必要があろう。

4　芸術的感性の軽視

学力論議では、ともすると後景に置かれがちな芸術分野では、どのような変化が起きているのだろうか。ここでは図画工作、美術分野を見てみよう。

中学校の美術では、目標の冒頭に「造形的な見方・考え方」を働かせるとあるが、そのイメ

表8　図工・美術の年間授業時間数

	小1	2	3	4	5	6	中1	2	3
1947年	105	105	105	70～105	70	70	70	70	70
1998年～	68	70	60	60	50	50	45	35	35

ージは「感性や想像力を働かせ、対象や事象を、造形的な視点で捉え、自分としての意味や価値をつくりだすこと」（中教審答申、別紙）とある。「自分としての意味や価値」とは日本語表現としても不適切であるが、「自分なりの意味や価値」のことであると捉えると、それ自体大変な作業であることがわかる。また「造形的なよさ……を考え」るとあるが、以前から学習指導要領の各教科で必ず指摘されるこの「よさ」という言葉の意味は、実にあいまいである。このような不可思議な用語が通用していることは、学習指導要領の説得性や科学性を自ら落としめることになっている。

自分の感性や表現に自信を持ち、新たな価値づけをもたらすためには、十分な基礎的技量と造形表現力が備わっていなければなるまい。はたしてこのような力を育てる条件が整っているだろうか。

図工・美術教科の事実上の軽視は、授業時間数の推移からも明らかである。表8からわかることは、時代とともに削減され、一九九八年改訂以来は最低時数になったままである。中学校二、三年生は週当たり一時間しか確保されていない。

全体としていえることは、芸術関係の教科では美的感性を掘り起こし、それを表現し作品化するに足る条件が不足していることである。学力の三要素では、知識、思考力、態度は重視されているかもしれないが、こうした貧しい条件の下では美的センスや創造力の発掘には困難を伴う。

この分野の教育は、人間の内面における感性や美的センスを磨き、内的な世界を耕せるような学びの場が用意される必要がある。対象から受ける感性や生きる過程で生まれる悩みや喜び、それを自分のなかで受けとめて消化し、色・形・素材を組み合わせて作品として外化し、作品を通して他の人々と響き合う。そうした相互交流が人間の豊かさを形成していく。こうした芸術分野の教育をもっと大事にしていく必要がある。

法定化された学力重視の風潮の中で、結果的に、芸術的な感性や形象の力が過小評価されてしまっている。

5　学力の論議と実践は活発に行われるべき永遠の課題

学力とは、広い意味では「学んでいく過程で開発され獲得された能力」（梅原）と捉えることができる。そのように考えると、子どもたちが学んでいく過程は、ジグザグを伴って複雑であり、そこに人間的な様々な能力や感覚や感情が伴っている。

だからその過程で獲得される諸能力も、豊かで際限がない。こうした実践の展開、発掘、交流が活発に行われることが重要である。学力の法定化に抗して、学力の創造的実践と活発な論議を繰り広げ、テスト学力に一面化しがちな現状を乗りこえていくことが求められている。

第3節　論争中の一方の立場を採用した小学校英語

1　小学校英語教育導入をめぐる長い論争

今回の改訂で英語教育を小学校から本格的に始めるという決断に踏み切った。それは次のような判断をしたためである。

①なぜ、事実上英語に限定するのか……グローバル化社会に対応して英語が不可欠だから。

②なぜ小学校段階から行うのか……早ければ早いほど効果的だから。

しかし、この「常識的な前提」も、根拠があって納得されたり実証されているわけではない。日本に国家レベルで外国語が入ってきたのは、主に中国や朝鮮からであり、一五世紀後半以降はポルトガルやスペインであり、江戸時代ではオランダであった。明治維新前後から英語、フランス語、ドイツ語が普及し、北方ではロシア語やアイヌ語も必要であった。現代でも、例えば「子どもの権利条約」の正文は、アラビア語、中国語、英語、フランス語、ロシア語、スペイン語である。このように、グローバル化社会にあって外国語はまさに多様なのであって、外国語＝英語ではない。

また、外国語教育を始めるのは早ければ早いほど効果的であるというのも、いろいろな条件によって異なるのであって、十分に実証されているわけではない。学校教育における外国語教育の意義を考える際に、この二点はいつも議論になるが、いまだ決着がついているわけではない。国語や算数など基礎学力の指導で精いっぱいの現状で、さらに教科として英語が加わったことで、「詰め込み」教育に拍車がかかるおそれが強い。それにもかかわらず、いわば「見切り発車」の形で、小学校で英語を教科として導入することが決定された。この決断の影響はすでに多くの困難や問題点を教育現場にもたらしている。

2　中教審答申と学習指導要領の立場

中教審答申では、「外国語の学習・教授・評価のためのヨーロッパ共通参照枠　CEFR (Common European Framework of Reference for Languages : Learning, teaching, assessment)」を参考にしたとして、これまでの四技能、すなわち、「聞く」「話す」「読む」「書く」ではなく、「話す」を「話すこと（やりとり interaction）」と「話すこと（発表 production）」に二分し、合計五領域にして、小・中・高校を通して示すことにした。このように初めから、欧州評議会の基準がもとになった外国語教育の枠組みを採用したのである。

そして改訂の基本である「育成すべき資質・能力」形成のために、「外国語によるコミュニケーションにおける見方・考え方」を働かせる学習過程にするとの方向性を採った。学習指導要領の文章上では、「教科　外国語」の記述の一番最後に「英語を履修させることを原則とする」と書かれてはいるが、すでにこの「外国語」の節は、初めから英語についての叙述しか書かれていない。その結果、小学校三、四年生で「聞く」「話す」の英語活動を導入し、五、六年生には「読む」「書く」を加えた系統的な英語の教科指導を設けたのである。それに伴い、この二学年で六〇〇～七〇〇語の単語習得を明記した。限られた時間内で詰め込み教育になるおそれも強い。

3　先行実施で指摘された問題点

いわゆる英語活動は、すでに二〇〇八年の学習指導要領にもとづいて二〇一一年度から小学校五、六年に実施されてきた。学校によっては、時間数は少ないが小学校一年生から導入している地域もある。そこで行われてきた実践で、共通に指摘された問題点がある。

第一は、英語活動と教科英語とは全く原理が異なるものであるという認識である。全国でくり広げられた学校での英語活動は、その典型的な内容は歌とゲームと簡単な会話の三点セットである。これに使用される英語は、簡単な動詞、動物や食べ物の固有名詞、一〇までの数詞、そして挨拶などである。こうした活動は、ネイティブ・スピーカーである外国人講師による複数の学校掛け持ち訪問によって、初期の段階では「楽しんだり、盛り上がったり」するものの、ある程度進むと「飽きがきて」しまう傾向になる。ましてや日常的に接触している担任のみがやろうものなら、日頃は日本語による会話なので白けてしまう。こうした傾向は、英語の世界に本格的に入り込むこともなく表面的な表現に終わりがちな活動がもつ、必然的な帰結である。

第二には、専門的な知識と指導技術を持った教員が圧倒的に不足していることである。つまり、本格的な英語教育は入門期こそ重要かつ難しいのであって、そのためには力量のある教員が、丁寧に、十分な条件を満たして行うべきなのに、日本の教育は全くこれらを満たしていない。英語教育を重視しているように見えて、実際のヒトとカネはそれに見合うようにはつけない、という姿勢である。ここに根本的な問題がある。安上がりにやろうとしても、効果は上がらないのである。

4　アジア言語圏で行う外国語教育としての英語

最後に今一度、日本の子どもたちが外国語を学ぶ意義を考えてみたい。子どもにとって地理的に身近な外国は、東アジアである。言語でいえば、ハングル、中国語、そしてタガログ語、マレー語、インドネシア語などに囲まれている。英語は、公用語の一つとされているフィリピン、シンガポールがあるにはあるが、母語としてはまれな存在である。今後は東アジアの地域の子どもたちと交流し、身近な外国人としてこの地域での平和の絆《きずな》を築いていってほしいと多くの日本人も、次代の担い手に期待している。

そうであれば、英語のみの外国語教育でいいとは決していえない。東アジアでの多言語、多文化社会の相互交流が重要になってくる。

そもそも学校教育での外国語教育は、成人になった以後も必要に応じて生涯学習の分野で学んでいけるよう、意欲と基礎教養を身につけることが基本なのである。したがって学校教育では、最低限「外国語（英語）嫌い、ないしコンプレックス」をつくらないことが重要なのである。

今回の方針のように、事実上英語を特定したり、ヨーロッパの学習指導の枠組みに依拠した基準を採用するなど、欧米社会にのみ直結した外国語教育に傾斜していることは、再考されてしかるべきであろう。

第４節 「特別の教科 道徳」の無理難題と実践の課題

１ 道徳性を育てるには、本人の納得と自主的な価値選択を保障する

私は道徳とは、「個々人の内面に形成される、思考と行動の価値判断及びその基準の体系」であると捉えている。道徳と密接に関わる概念に倫理があり、さらにこれらを包摂して世界観というもっとも広い概念がある。倫理とは、社会のなかでの人間のありよう（人倫）から導かれる道理のことであり、道徳の背景や土台をなしている。倫理については倫理学という学問分野がある。道徳が教科として成り立たない根拠に、背景に学問分野を持っていないからという主張があるが、私は必ずしもそうは捉えていない。人間形成に道徳性の形成がなぜ重要かといえば、それは世界観の主要部分を構成しているからである。世界観とは、自然・社会・人間・自分などについて、この世界を成り立たせているものの本質についての考え方が整理・統合されたものであり、その確立は教育の究極の目標にすえられるべきものといえる。

道徳教育とは、すでに個人のなかで道徳性が育っている（なぜなら人間が生きる過程で、常に

思考と行動の判断基準が働きかつ形成されていくからである）ことを尊重し、その上でさらなる道徳性を育てていこうとする実践である。したがって道徳教育は、断じて徳目の教え込み（教化）であってはならない。道徳性を育てる実践には、個人が自分自身で価値を選択する自主性が保障されていなければならない。自主性の尊重と納得が重要なのであって、押しつけや誘導とは対極にある。

また道徳性は、普遍的・包括的・原理的なレベル（平和、人権、平等など）から導き出されるものであって、説教調の徳目の羅列（〇〇してはいけない）や特有の感情の押しつけ（〇〇を敬愛せよ）にはなじまない。学習指導要領には徳目の羅列や感情の押しつけ項目が並んでおり、それが教え込みの手法で行われているから、これでは道徳教育の名に値しないと批判しているのである。

かつて道徳を教科にせよという論調が出た時に、当時の文部省は次のように批判していた。

「もしとくに教科を設けることをした場合には、道徳教育に関する指導を教育の一部面のみにかぎる傾向を、ふたたびひきおこすおそれがすくなくないといわなくてはならない。ことに現在、そのような教科をおいた場合、それが実際の運営において、また従来の修身科の性格に帰っていくという危険性については、特に注意を要するであろう。」（文部省『道徳教育のための手引書要項』一九五一年六月）

もともと戦後初期には、文部省自身が、道徳に関する教科を置くことには否定的な立場であった。七〇年を経てその立場を捨て、大きく変質したのである。

2　学習指導要領での徳目の指定が持つ無理難題

学習指導要領では、小学校低学年で一九項目、中学年で二〇項目、高学年で二二項目、中学校で二二項目が指定され、しかもこれらすべてを扱わなければならないとの縛りがかけられている。しかしその項目も内容も、建て前が並べられており、「わざとらしさ」が透けて見える。例えば、「A　主として自分自身に関すること」にある「個性の伸長」という項目を見てみよう。そもそもこの項目が「道徳性」に強く関わるものであるのかどうかさえ疑問であるが、さらにはそれを各学年ごとに特徴づけようとしている表現には、いかにも無理が見られる。

○小学校一、二年……自分の特徴に気づくこと。
○小学校三、四年……自分の特徴に気づき、長所を伸ばすこと。
○小学校五、六年……自分の特徴を知って、短所を改め長所を伸ばすこと。
○中学校……自己を見つめ、自己の向上を図るとともに、個性を伸ばして充実した生き方を追求すること。

これは「個性の伸長という道徳項目」を発達段階的に並べたように書かれているが、いわば言葉遊びのような表現である。自分の長所と短所の把握は、小学校五、六年にならないとできないわけではない。小学校三、四年では長所への対応のみを行うというのも、事実や実情と合わない。

また「家族愛」の項目では、みな「父母、祖父母を敬愛し」と書かれている。しかし家族であっても様々な関係性があるのが実際で、違いのある微妙な感情が存在するのが当然であるのに、一律のしかも「敬愛」でくくられるというのも、まったく現実的ではない。

3　検定教科書から見えてきた道徳教育の問題点

二〇一七年度はじめには検定済み教科書八社分が公表され、夏までには各採択地区で二〇一八年度からの採択が決まった。もともと道徳教育に教科書という形態は有効なのかという論議が十分にされることもなく、「教科だから教科書が必要である」という流れで進められていった。

私が教科書を見て、すぐに疑問に思ったのは「教科書という形だからこその問題点が如実に出ている」ということだ。それはほかでもない、教材が示される前にまず冒頭に「ここでは何の徳目がテーマであるか」がはっきりと書かれているからだ。そうしなければ、検定を通過しなかったのだ。

例えば、どの教科書にも採用された「手品師」（六年生）を見てみよう。東京書籍では、作品名が大きく書いてある行の右側に「せいじつに明るい心で」との徳目が書いてある。これは子どもに、「この教材の落としどころはここだ」と示していることにほかならない。また作品を読み終わった後に課題が出されている。そこでは、「たった一人のお客様の前で、手品を演じているときの手品師の気持ちを書いて、話し合ってみましょう。」と書かれている。

冒頭の「せいじつに明るい心で」はこの問いかけへの「正答」のように読めるのである。つまり、作品の冒頭と終わりで、「期待される答え」が示されているのだ。これでどうして「考え議論する道徳」になるのだろうか。「建て前」（授業での正解）がみえみえであるような教材を与えることは、道徳性を育てる教育にはもっともふさわしくない。「本音」（日常生活での言動や行為）と「建て前」（授業での解答）の使い分けを巧みにやれる子どもが育ったのなら、それこそ反道徳的な教育を行っていることになる。

「手品師」という教材の中には、「男の子との約束を守る」ことと「友人からの友情に応える」ことが、相反するように書かれている箇所がある。しかしこの二者択一の問題（どっちを選ぶか）も、やり方を工夫すれば結果的に両方の目的がかなう場合がたくさん考えられる。授業では、それを「考え議論する」ことも十分に可能である。

しかし教科書の冒頭と終わりに、結論にあたる徳目と議論するテーマが明記されているのだから、この教科書を使うかぎり「考え議論する」範囲は初めから枠づけされている。このようになったのは、この教材が学習指導要領で示されたどの徳目にあたるのかを示さなければならない、という検定システムの縛りがあるからだ。「教科だから教科書をつくる」という教科教育の縛りがあり、「道徳の項目すべてを扱わなければならない」という学習指導要領の縛りもあることで、柔軟であるはずの「考え議論する道徳」の芽を摘み取っている。

いまひとつ事例をあげてみよう。東京書籍六年生の教材に「白旗の少女」がある。沖縄戦で一人ぼっちになって戦場をさまよっていた少女が、あるガマ（自然壕《ごう》）で負傷した老夫婦に助けられた。やがてアメリカ軍の降伏のよびかけに、老夫婦は少女に白旗を持たせてガマの外に出させ、自分たちはガマに残り爆弾の犠牲になった。その時アメリカ軍に同行したカメラマンが撮影した写真が「白旗の少女」である。教科書の物語は、四三年後に当時の少女とカメラマンがアメリカで再会し涙を流すところで終わっている。

写真「白旗の少女」は実話で、沖縄戦の悲劇（死ななくていい命が失われた）と戦争の残酷さを伝えているのだが、教科書教材では別のテーマになってしまっている。それは、この話が教材の冒頭に掲げられた「国際理解、国際親善」という徳目に枠づけられているからだ。実話からは、戦争に関わる様々なことがらを「考え議論できる」のに、教科書はその自由を奪い、特定の徳目に導こうとしている。教科書なるがゆえの押しつけ道徳になってしまう事例である。

4　柔軟な指導の必要性

もともと道徳とは、「個々人の内面に形成される、思考と行動の価値判断及びその基準の体系」であると述べた。道徳についての学習過程で「問いを持つ」ことはきわめて重要である。子どもは、切実な問題状況の前で考え悩み続ける。そうしてあれこれ考えて、その時点での「私の判断を選択する」。しかしそれは、道徳教育の終点ではなく中間点にしかすぎない。

学習指導要領でさえも目標に関わる記述のなかで、「物事を多角的・多面的に考え」る学習であると述べている。だとすれば、あくまでもこの立場にたった指導を貫いていきたい。

最近、『君たちはどう生きるか』（吉野源三郎、一九三七年）が、マンガ化とともに爆発的に普及している。この本は、中国への全面侵略を開始した当時の日本社会が直面している倫理上の問題（貧困、差別、不正）を背景として、それが子どもの日常世界にまで現れ、そこで葛藤《かっとう》する少年コペル君を登場させ、彼とともに考え課題化する大人の存在を描いている。少年が悩む価値の吟味と葛藤と選択の道は、当時の大人社会でのそれらと重なっていた。このように道徳の課題は、一方的に大人が子どもに教え諭すものではない。ともに課題を共有し、ともに悩みともに考える「時代の課題」なのである。

第5節　学習評価に関する課題

学習評価については、かつては学習指導要領が改訂された後に、あらためて指導要録（子どもの学習と行動にかんする記録の正式な原簿）の改訂に関わる検討会が設けられ、そこでの重要な検討課題が「子どもの学習を評価する観点」を定めることであった。今次改訂では、指導内容と評価の一体化がいっそう強調され、そのために中教審答申にも独立した章が設けられている。答申後、さらに中教審の教育課程部会内に「児童生徒の学習評価に関するワーキンググループ」が設置され、評価に関する審議が行われている。ここでは答申とともにグループに出された資料（二〇一七年一〇月一六日）も用いながら考察していく。

1　資質・能力の三本柱と学力の三要素に規定された学習評価論

教育現場でもっとも強い関心があるのは、各教科の学習内容に関わる評価をどのような観点でどのように行うのか、という問題である。中教審答申では、次のような変更がなされた。

これまで……四観点＝①知識・理解、②技能、③思考・判断・表現、④関心・意欲・態度
これから……三観点＝①知識・技能、②思考・判断・表現、③主体的に学習に取り組む態度

見られるように改訂には、三つの特徴がある。

第一に、これまでの四観点から三観点に移行したことである。その背景には、学校教育法の改正（二〇〇七年六月）で学力が三要素で規定されたことと、今次改訂の最大の特徴である「育成すべき資質・能力」が三本柱によって示されたことがある。

第二に、これまでは知識と技能が別々に分かれていたが、それを統合したことである。

第三に、もっとも大きな特徴であるが、これまでの「関心・意欲・態度」が「主体的に学習に取り組む態度」に変えられたことである。「関心・意欲・態度」は一九九一年の指導要録様式改訂の時に、「新学力観」というキャッチフレーズのもとに学習態度が重要視され、評価の第一の観点に掲げられ、以後、具体的な実施のし方をどうするのかについて、さんざん教師や学校現場を悩まし続けてきた観点であった。今回の答申の立場は、これまでその規定の順守を二〇年以上も求めてきたにもかかわらず、あっさりと変えてしまった。

2　学習評価の考え方の変遷

学習指導要領の改訂にともなう指導要録での評価のあり方について、いわゆる観点別評価を導入したのは、一九七七年の学習指導要領改訂が全面実施される一九八〇年度直前のことであった。これと並行して行われていた各教科等の「評定」は、「集団に準拠した評価（いわゆる数値による相対評価、一～五、又は一～三）」を採用していた。この評定が、「目標に準拠した評価（いわゆる絶対評価）」に変わったのが、一九九八年学習指導要領改訂にともなう二〇〇〇年の指導要録改訂通知であった。ここに至って、評価の二つの柱、すなわち「観点別学習状況」と「評定」とが、いずれも「学習指導要領に定める目標に照らして（つまり絶対評価法によって——梅原）、その実現状況を」、「観点ごとに評価」するものと「総括的に評価」するものとに並んだわけである。

日本の教育評価の世界を長く支配してきた「相対評価（学級や学年集団のなかでどの位置にいるか）」法が、これで指導要録の記述からはなくなることになった。

しかしながら、指導要録とは異なる、高校受験にあたっての「内申書」などの調査書では、依然として「相対評価」法が残っていたり、学校外の受験産業が用いている「偏差値（これも相対評価である）」が事実上大きなウェイトを占めているなど、評価項目が受験や競争に組み込まれる場合では、依然として「相対評価」法が威力を発揮している。

では、集団のなかでの順位や位置を示すものではない「目標に準拠した評価（絶対評価）」法も順調に機能したかといえば、必ずしもそうではなかった。その典型例が、先に述べた「関心・意欲・態度」の観点別評価の導入であった。これが「新しい学力観」を測る指標になるといわれ、その具体化がなされるようになると、別の困難が起こってきた。どこに注目し、何を尺度に、子どもの「関心・意欲・態度」を評価するのかが、大問題となった。

人間の内面の様子に関して客観的に評価が可能なのか、というそもそも論から始まり、結局は外見で判断できる形（手を何回挙げた、忘れ物をした・しないなど）で機械的に評価するなど、たくさんの混乱を招いてきた。しかし教育現場にこのような混乱と困難をもたらしたその原因は、もともとは特定の評価論の押しつけにあったのだ。

3　今後の実践と研究の課題

日本の教育界では、依然として学習評価のあり方は安定しておらず、これからの実践と研究の課題になっている。

第一には、従来の「関心・意欲・態度」がなくなり、今回の改訂で「主体的に学習に取り組む態度」が新しく採用されたとはいえ、またしてもその「態度」をどのように評価するのかが難問である。中教審答申では、「学習に関する自己調整を行いながら、粘り強く知識・技能を獲得したり思考・判断・表現しようとしたりしているかどうかという、意思的な側面を捉えて評価することが求められる」とあるが、これでは具体化にあたっては不明瞭なままである。

第二には、「多面的・多角的な評価」としてパフォーマンス評価の導入を新たに強調したことである。この例示としては「論述やレポートの作成、発表、グループでの話し合い、作品の制作等」が指摘されている。また「日々の記録やポートフォリオなどを通じて、子供たち自身が（資質・能力がどのように伸びているかを）把握できるようにしていく」というさらに高次の評価法も提案している。しかもこれらが、「ペーパーテストの結果」評価と並列に出されているのだから、まだまだ整理はついていない。

第三には、こうした評価法が「指導と評価の一体化」という流れのなかで提案されているのだから、具体化する中で両の関係が逆転し、あらかじめ示された評価に向かうよう初めから指導による追い込みがされる、という事態も招きかねないおそれがある。

指導と評価は密接な関連があることは事実であり、双方を大事にすることは重要であるが、それだけに使い方、適用の仕方には十分な配慮が必要である。

第6節　授業時間数増加への対応

1　問題の所在

小学校の授業時数は学校経営上、週当たりの時間割表に示すと二八コマ（一単位時間を四五分として計画）がギリギリの限度である。なぜなら、一日六時間の授業コマを充てるのが限度であり、これで計算すると六時間×五日＝三〇時間になる。その中で教育課程上どうしても確保しなければならないコマとして、クラブ活動や児童会活動で一コマ、さらに個別指導や生活指導や教職員の打ち合わせ時間として最低一コマは必要だからである。そうすると三〇マイナス二で二八となり、時間割表では二八コマが限度となる。実際には、このほかに朝の学級会（朝会）や昼の給食指導や終わりの会などが授業の前後や中間に入っている。

このたび小学校では、新たに三、四年生に外国語（英語）活動が一コマ、五、六年生で教科としての外国語（英語）が二コマ加わることになった。これまで四～六年生は週あたり二八コマであった。しかも、外国語活動は五、六年生で一コマ扱いだったので、要するに新しく小学校の四〜六年生では二九コマ設定となり、増加した一コマをどこで消化するかが、にわかに現実的で大きな課題となってしまった。

これが授業時間数増加問題への対応といわれる課題である。

2　限られた対応策

中教審の答申後、文科省の中に「小学校におけるカリキュラム・マネジメントの在り方に関する検討会議」が設置されることになった。その報告書（二〇一七年二月）によれば、「考えられる選択肢」は以下の四パターンであるという。

①　年間授業時数を増やす。
②　週あたり授業時数を増やす。
（例1）夏休み休業期間の短縮や土曜授業日設定を行って、年間三五時間分を確保する。
②—1　一単位時間四五分の授業コマは増やさず、短時間や長時間の授業をする。
（例2）一回一五分の授業を週三回行う（いわゆるモジュール学習）。
（例3）一回六〇分の授業を週三回行う。
（例4）一五分授業、三〇分授業、六〇分授業の組み合わせで、四五分を確保する。
②—2　一単位時間四五分の授業を一コマ増やす。

③　①と②を組み合わせた時間割を編成する。

（例５）一回一五分の授業または六〇分授業を週あたり二回設定し、残りは年間授業日数を増やすことで補う。

いずれにも一長一短がある。例えば①は、そうでなくとも夏休みが短縮される傾向があるのに、さらに短縮するのかとの不満は強い。土曜授業にいたっては、何のための週休二日制の導入だったのか、という抜本的な批判となる。また②は、今でもキツキツな週時程を、これ以上どこに入れ込もうとするのか。あえて実行すれば疲労感はいっそう強くなる。さらに③はあまりにも複雑な組み合わせとなり、わかりやすい時間割編成の原理から遠ざかる。

要するに、現在の学校教育課程は、週当たり時数の上では限界にきているのであって、「たかが一時間の授業増加」であっても、これだけの大問題を引き起こすくらいの組み合わせで行っているのが実態なのである。そのしわよせが教育現場に押しつけられた。

3　カリキュラム・マネジメントの押しつけ

以上からわかるように、これは教育内容の増加（したがって授業時数の増加）要求と、学校現場での実態との間で起こる「絶対的な（必ず起こりうる）矛盾」なのである。それを承知で、各学校で「何とか決めて実行しなさい」という姿勢が、文科省の指示である。それを、「各学校でカリキュラム・マネジメントを発揮して行いなさい」と表現しているにすぎない。

どの案も教育課程を実施する場合に苦しいが、現在の状況では、②－1の（例2）である週あたり三回の一五分授業「モジュール（機能的にまとまった単位）学習」が、「それでも、まだまし」といえるのだろうか。しかし、この一五分授業でさえ、朝の会から一五分削る、昼休みから一五分削る、帰りの会から一五分削る、の三パターンしか考えられない。六時間目の授業が終わってから、すぐに一五分の英語学習に切り替えて効果的に行えるのだろうか。この案を見ていると、何とか数字のつじつま合わせに終始し、子どもの学習への集中や教師による指導効果などが考えられていないことに、「何のための『改革』なのか」と愕然《がくぜん》とする思いがする。

この事例は、制度変更から生み出された無理難題を、何とか現場でこなすように押しつけられた典型例であると思う。

第7節　情報通信技術とプログラミング教育が抱える問題

1　ICT教育の推進

ＩＣＴ（情報通信技術）教育は前回の改訂でも強調されたものであるが、今回はさらにバージョンアップされた提案である。

教授学習過程に機械が持ち込まれ、人間の作用の一部を機械で代替しようと試みられたのは、一九七〇年代のティーチング・マシンが象徴的であった。しかし教師の働きかけに取って代わるというふれ込みだったにもかかわらず、この機械が実行できることは、問題の提示→子どもからの解答（記号又は数値の選択）→正誤の判定表示、を基本パターンとし適用範囲が限られていたこともあって、初期にはブームになりかけたが、コンピュータの出現によって姿を消して行った。むしろその後はＩＣＴの進展が主流となった。

中教審答申では、教科等をこえた学習の基盤として「情報活用能力の育成」が特筆され、その情報活用能力を、大方針である資質・能力の三本柱にそって整理した。そして、プログラミング教育、ＩＣＴ教育、その環境整備が指摘された。

学習指導要領の小学校の総則では、次のように述べられている。

「情報活用能力の育成を図るため、各学校において、コンピュータや情報通信ネットワークなどの情報手段を活用するために必要な環境を整え、これらを適切に活用した学習活動の充実を図ること。また、各種の統計資料や新聞、視聴覚教材や教育機器などの教材・教具の適切な活用を図ること。」

以上のような動向は、すでに文科大臣決定文書「教育情報化加速化プラン」（二〇一六年七月）で、次のように示されていた。

①現代社会において、……子供たちには、ＩＣＴを受け身で捉えるのではなく、手段として積極的に活用していくことが求められている。

②教師自身が授業内容や子供の姿に応じて自在にＩＣＴを活用しながら授業設計を行えるよう、児童生徒一人一台の教育用コンピュータ環境の実現を目指し、段階的な整備を行う。

③授業・学習面でのＩＣＴ活用を促進する観点から、ＩＣＴを効果的に活用した実践例等の構築を図るとともに、ＩＣＴ活用の際に不可欠なデジタル教材等の開発を官民連携で進める。

学習指導要領には、この方針が反映されている。

2 デジタル教科書の作成と使用の問題点

日本における民衆への教育においては、一貫して紙媒体が中心にすわって行われてきた。その典型は明治期以来の教科書（教科用図書）の使用である。学んだことを書き記すものとして帳面（ノート）がつくられ、試験も問題と答案のいずれにも用紙が使われた。その長い歴史の中で、コンピュータ画面を用いてデジタル文字を読み取り、鉛筆で書く代わりにキーボードをたたいて文字を打っていくという操作が取り入れられたのは、きわめて大きな変化であった。その象徴がデジタル教科書（および教材）の出現である。

文科省内に設置された「『デジタル教科書』の位置付けに関する検討会議」の「最終まとめ」（二〇一六年一二月）が出された。そこではICTの教科書への応用によって、「学びの質・量を更に向上させる」ことができ、とくに「主体的・対話的で深い学びの実現」に大きく貢献することが期待されると書かれている。

デジタル教科書の出現は、それに伴って子どもに一台ずつのタブレットパソコンを所持させることや、電子黒板の使用などハード面の変化とともに、教師と子どもたちが対面するこれまでの伝統的な位置関係が変化し、学習内容や課題によってあらゆる向き合い方が可能な教授学習スタイルをも可能にした。こうしてあらゆる学習環境を一変させるような影響をもたらそうとしている。

デジタル教科書使用のメリットとしては、文字や図表等の拡大機能や音声による読み上げ機能の活用、動画の利用や書き込み機能の活用などが挙げられている。また教科による利用メリットの偏りもあり、社会科、算数・数学、理科などが高く、生活科、音楽では低い。

紙媒体とデジタルによる教科書使用の形態は次のように整理される。

①あくまでも紙媒体教科書が主で、一部分で補助教材としてデジタル教科書を利用。

②紙媒体教科書が基本で、単元など教科指導のある部分をデジタル教科書で行う。

③デジタル教科書を主として、補助教材としてのみ紙媒体教科書を使用する。

現在は、部分的に①が行われていく状況であり、「最終まとめ」ではデジタル教科書導入の「効果・影響に関する検証はいまだ十分ではない」として、②への移行にも慎重である。しかし、ＩＣＴの教育界への浸透政策に伴い、③が描く未来への移行が模索され、情報産業ではその開発がスピードを伴って進められている。

なお、デジタル教科書の実現へ向けては、教科書の検定のあり方や知的財産管理など法や基準の改定に関わる問題や、ＩＣＴ活用に伴う公的財政の投入や、教科書やタブレット購入費の私費負担など財政的な問題も大きな壁になっている。いずれにせよ、デジタル教科書問題は、これまで行われてきた可能性を論議する段階から、実用へ向けての開発段階に入ってきている。

3　新たにプログラミング教育の強調

今回の改訂でにわかに強調されてきたのがプログラミング教育である。その中心概念であるプログラミング思考とは何であろうか。次のように定義されている。

「自分が意図する一連の活動を実現するために、どのような動きの組合せが必要であり、一つ一つの動きに対応した記号を、どのように組み合わせたらいいのか、記号の組合せをどのように改善していけば、より意図した活動に近づくのか、といったことを論理的に考えて行く力のことである」（文科省内、有識者会議のまとめ、二〇一七年六月）

これらが、ＩＴＣを受け身になって受け入れるのではなく、問題解決のツールとして主体的に活用すべきという理由で、無批判に教育に導入されていく流れになっている。中教審答申では、情報活用能力の育成の一つとして「将来どのような職業に就くとしても、時代を越えて普遍的に求められる『プログラミング的思考』を育むプログラミング教育の実施を、発達の段階に応じて位置付けていくこと」と書かれている。

これらの指摘を受けて学習指導要領では、小学校（総合的な学習の時間）、中学校（技術教育分野）、高校（情報科）を通して行われる情報教育の中で、とりわけプログラミング教育が柱の一つに据えられている。

○小学校　総則　第3　1(3)　イ

児童がプログラミングを体験しながら、コンピュータに意図した処理を行わせるために必要な論理的思考力を身に付けるための学習活動

○中学校　技術・家庭科　技術分野　D　情報の技術

(2)生活や社会における問題を、ネットワークを利用した双方向性のあるコンテンツのプログラミングによって解決する活動

(3)生活や社会における諸問題を、計測・制御のプログラミングによって解決する活動

○高校　共通必修教科の情報科での、新科目　情報Ⅰまたは情報Ⅱ

情報Ⅰ……コンピュータとプログラミング

情報Ⅱ……情報システムとプログラミング

これらの内容検討や教材開発は始まったばかりであり、教師の側に検討の余地が十分には与えられていない。教育の外側で教材が開発され、研修という名で普及が図られている。

4　ICT教育の抱える問題点と課題

ICTの教育への参入の動きは、主に社会や産業の側から猛スピードで進行している。それが教育に与える影響について、しっかりとした分析をして慎重な対応をしていかなければならない。

第一に、情報産業が新たに開拓したい広大な市場として教育や学校現場を位置づけ、それへの参入を戦略として立てていることである。情報社会がこれほど早く進展しているのだから、教育現場もそれに伴って受容の体制をつくらなければならないという論理である。そこには教育の論理というよりは、利潤追求の産業の論理が先行している。教育が産業の論理に包摂されているが、「これでいいのか」という問い直しの作業は、常に必要なのではないか。

第二に、授業づくりへのICTの活用は、あらかじめ教育内容や教材が用意されており、教師はせいぜいそれを自在に使いこなす作業者の役割にされていく。教育内容や教材自身が、不断の研究と創意工夫によってつくられていき、授業の過程でさらにつくり変えられていくというような、授業づくりのダイナミズムが失われていくリスクが大きい。

第三に、ICTの浸透が人間らしい活動を徐々に変化させていくのではないかという懸念がある。例えば、画面に長時間にわたって集中することから来る神経面への影響がある。それは心身の健康にも影響を及ぼす。また、人間にとって重要な思考力の形成やコミュニケーション能力にも、少なからぬ影響をもたらすであろう。さらに、人権侵害や情報倫理の破壊など、新たな人権問題も生まれてきている。しかし、これらの分野についての分析や研究は遅れている。

第8節　高校教育課程と二つのテスト

高等学校の学習指導要領は、二〇一八年三月に告示される予定である。その基本的な骨格は、すでに中教審答申（二〇一六年一二月）に示されている。ここでは、この答申を中心にして、高校での教育課程の課題を考えていきたい。

1　高校教育課程の抱える深刻な問題

高校教育は後期中等教育といわれ、前期中等教育段階である中学校教育の履修を前提として行われる。しかし新制高校が発足してから約七〇年になるが、日本の高校教育は歴史的に四つの特徴を抱えてきた。

第一には、五〇パーセント以下から出発した進学率が、一九六〇年代に急速に伸びて七〇年代には九五パーセントに達し、日本社会を生きていく上で、今や高校教育段階の教養水準が標準となっているという事実である。ほとんどの場合、就職する際の条件および、職業上必要な様々な資格取得の試験を受ける条件に、高校卒業資格が求められている。

第二には、戦後の高校は、戦前の、複線化していた旧制中等教育の流れを反映して、出発時からすでに多様化していた。さらにその傾向は激しくなり、一九六〇年代以降の職業高校、一九九〇年代以降の総合制高校への再編が進み、二一世紀以降はスーパーがつくハイレベルの高校からチャレンジスクールまでに細かくランキングされてしまった。現在では民間業者が打ち出す「偏差値という怪物」によっていたましいほどに序列化されてしまっている。

第三には、義務教育とは異なる教育課程システムをとっていることである。もっとも大きいのは、単位制による習得主義（単に授業に出ればいいのではなく、教科ごとに単位を習得し、それが卒業単位数をクリアしなければ卒業資格が取得できない）をとっていることである。したがって、高校教育には留年や中途退学の制度があり、とくに中退者や中退率の推移は進学率の上昇に伴って一定の無視できない数値を保っている。

また共通履修科目（必修科目）と選択科目に分かれており、この共通履修科目によって高校教育の共通性をかろうじて保とうとしている。しかし、この共通履修科目でさえ、学力格差の顕著な現状では、容易にこなして上位の科目に進めている学校から、中学校の「学び直し」に終わってしまわざるを得ない学校まで、履修内容に大きな格差が存在している。

さらには、学校長の判断によって学校独自の「教科や科目」を置くことができるので、高校での教科や科目は実に多様にある。

第四には、さらに上級学校としての高等教育（典型的には大学）に進むためには、高校卒業資格と大学入学試験合格が必須となる。そこで、大学入学試験制度のあり方が、逆に高校教育を縛るという働きをしている。

これらの特徴は、高校教育に常に深刻な問題を生み出してきており、それはそのまま高校での教育課程のあり方に大きな影響を与えている。

2　中教審答申での高校改革の方向

中教審答申の高校教育の部分は、高校教育の諸問題をどう認識しどのように対応しようとしているのだろうか。答申の第二部第一章四で述べられている課題と方向を見ていきたい。

高校生の間に学力格差が顕著で学習意欲が低下していること、そのためもあって自己肯定感がきわめて低いこと、職業を含めた自分の未来像が描きづらくなっていることなどは、共通の認識となっているようだ。しかし、こうした事態を招いた責任の一端は、これまでの教育政策も負っているという認識は、答申にはいっさい表明されていない。しかも、これからの方向は本書第一章で分析したように、問題点を多く含んだ「総則」で展開されている総論にあるのだから、その影響は高校教育においても同じように現われる。

第一の認識は、答申では高校は「初等中等教育の総仕上げを行う学校段階」であると捉えている。しかし、その「総仕上げ」の中身は、「育成を目指す資質・能力」の実現にあるのだ、という表現の繰り返しになっている。さらに、これまでの学校が掲げてきた「校是や校訓などをより具体化して育成する資質・能力を設定」することまで求めている。学校教育理念の資質・能力への一元化路線である。これでは高校教育理念としても狭すぎはしないだろうか。おおいに問題である。

第二の認識は、教育課程に関することである。教育課程に注目してみると、中教審のいう「共通性の確保」と「多様性への対応」の二観点は、私が構想する「共通教養の保障」と「個性の開花」とに、言葉の上では類似しているように見える。実際は、「共通性の確保」の典型事例が、次項で検討する新しい「共通科目」への組み替えであるので、そこで問題にしたい。多様性への対応は現状の追認をはるかに超えたものである。つまり、もっとも下位の学校では義務教育内容の「学び直し」のすすめを行い、その対極にあるのがスーパーの冠がついた科学（サイエンス）、国際化（グローバル）、高度職業人（プロフェッショナル）養成めざすハイスクールの設置がめざされている。超格差化された高校教育の再編成である。

第三の認識は、キャリア・職業教育への構えである。ここでも、高校生には無理とも見える目標追求を、自己責任の形で持たせていくやり方が目立つ。曰《いわ》く、「生徒自らが設定した将来の目標に向か」うために、「入学から卒業までを通して、自覚的に振り返る」こと。そのための新規の道具として「キャリア・パスポート」（学校教育を軸に生き方や職業意識を形成させるために、体験してきた学習履歴を記入する冊子）の導入を提唱している。

第四は、「高大接続改革」なる二大テストの導入である。これは重要なので、4の項で検討することにしたい。

3 「現代の国語」「言語文化」「歴史総合」「公共」などの新科目がめざすもの

今回の改訂で教科・科目（教科とは国語、数学などの大きなくくりであり、科目とは教科のなかでさらに細分化されたものである）に関する新たな提案は、小中学校における「特別の教科 道徳」と、小学校高学年から導入される教科「外国語（＝英語）」が話題となっているが、実は高校教育課程における変化も重大である。それが、新科目への変化である。

高校での新教科は「理数科」がたてられ、新科目は国語での「現代の国語」「言語文化」、地理歴史での「地理総合」「歴史総合」、公民での「公共」、外国語での「英語コミュニケーションⅠ、Ⅱ、Ⅲ」などがあるが、ここでは以下で四つの科目を取りあげたい。いずれも既存の科目があるのに、今回なぜどうしても変えなければならないのかについて、納得のいく説明がないまま、変化の方向だけが示されている。

（1）「現代の国語」……答申では「実社会・実生活における言語による諸活動に必要な能力を育成する」と説明されており、小学校以来進められている、国語における「言語活動重視」の路線の高校版である。答申の別添資料では、「目的に応じて多様な資料を収集・解釈し、根拠に基づいて論述する活動」等が挙げられている。つまり現代を言語情報時代と捉え、そうした情報活用能力に力点が置かれた科目となろう。

（2）「言語文化」……答申では「我が国の伝統や文化が育んできた言語文化を理解し継承して生かす能力を育成する」科目とされている。万葉の時代からの古文・漢文や、「古典に関わる近現代の文章を通じて」（資料）言語文化を生かすことができる能力の育成がめざされている。伝統文化重視路線を科目再編の軸にとり入れたものである。

（3）「歴史総合」……答申では「歴史の大きな転換に着目し、単元の基軸となる問いを設け、資料を活用しながら歴史の学び方を習得する」科目と説明されている。そのために、「近現代の歴史の大きな転換点（「近代化」「大衆化」「グローバル化」）に注目させるという構成が適当である」と提案している。この三観点の妥当性をめぐって、大いに論争すべきである。

（4）「公共」……資料では、以下の三項目で構成される科目であるという。

①公共の扉―公共的な空間に生きる人間としての基本原理を学ぶ

②自立した主体として国家・社会の形成に参画する―政治、経済、法、情報の主体とし

て

③持続可能な社会づくりの主体となる——地域創造、国家・社会、国際社会への主体的参画

これら高校生としての共通必修科目に、改訂の趣旨が反映しているのを見ることができる。まず国語の（1）は、言語を情報の読み取りと処理の側面から光をあて、国語（2）には伝統文化への傾斜がかけられている。（3）は近現代史をうわべだけの現象面の特徴で捉えることによって、その本質的な把握（帝国主義、植民地化、民族自立、戦争と平和、人権の確立、国際機構）から目をそらさせる役割を果たしている。その結果、未来社会もうわべの現象面で描くことになってしまう。このような表層的な歴史認識で、はたして世界や東アジア近隣の青年たちとの相互理解が築かれるであろうか。（4）の公共は、社会を創造する主体の形成を取りあげようとしているが、その社会は徹頭徹尾「公共的な空間」というように、権利が制限された枠組み内に限定されており、その枠内での主体的な参画に限られてしまう。したがって、社会への主体的な参画も権利行使の側面よりも、あらかじめ用意された方向への「積極的な適応」に押しとどめられるおそれが強い。選挙権保持者もおり、政治に参加しうる主体である高校生に、主権者として未来のバトンを手渡そうという構想に立ち切れず、政治主体への自覚と成長に何とか歯止めをかけようと、様々な装置をはめ込んでいるように見える。

4 高校・大学間の接続に関わる二種類のテスト実施

高校教育は、中等教育の後半期として、中学校教育の継続・発展段階と位置づけられる。同時に大学を典型とする高等教育の準備段階という性格もあわせもっている。

下からの教育の一応の完成教育という側面と、上からの教育を受けることが可能な準備教育という二側面に即して、それを証明する手段として、全国レベルでのテストが構想されている。後者は、大学入試センターによる試験がすでに実施されており、今回はその改訂版である。注目されるのは、前者についてまったく新しいテストをつくろうという方針である。この二種類のテストが機能することで、高校教育への縛りの構造はいっそうきつくなる。しかし、この二つのテストについての方針策定までには、この間めまぐるしい変遷が伴い、なかなか合意に至らなかった。ここでは基本方針が確定した「高大接続改革の進捗《しんちょく》状況について」(二〇一七年七月一三日)に基づいて検討したい。

(1)「高校生のための学びの基礎診断」導入の問題点

高校段階で全国統一による学力テストを導入する方針のもと、その名称は様々に変化したが、結局は「高校生のための学びの基礎診断」に落ちついた。その基本方針によれば、この制度のおおもとの考え方は、国家による「高等学校における基礎学力の定着に向けたＰＤＣＡサイクルの構築」にあるという。表向きは、各学校が基礎学力目標を設定し教育課程を編成するといいながら、学習指導要領に基づいて学校以外の機関による診断テストを実施し、その結果を高校での日常の指導に生かすというのだから、実際には外部テストによる学校教育の支配構造が強化されることになる。

これは、文科省が実施している「全国学力・学習状況調査（全国いっせい学力テスト、二〇〇七年度から導入）」の問題と解答のパターン傾向が、小中学校現場の指導の内容と方法と評価のあり方に大きな影響を与えているという実態があり、それを高校段階にも導入するという役割を果たすであろう。また小中でのテストは、県段階、市区町村段階でのいっせい学力テスト導入をもたらし、それらの点数公表が参加した県・市区町村・学校を激しいランキング競争に巻き込んでいることから、その高校版となる可能性も強い。

またこの制度のなかに、すでに行われている民間試験（英語の実力検定を典型とした各種の実力検定試験が想定されている）*を認定することが認められているのであるから、なおさら公正さの維持は重要な課題となる。試験は学校ごとに実施するのだが、受験料は生徒負担であり複数受検も可能だから、保護者の財政負担も大きい。

＊英語だけでも、現在実施されているのは、英検（日本英語検定協会実施、受検実績二〇一

六年約三四〇万人）、ＧＴＥＣ（ベネッセコーポレーション、約九四万人）、ＴＯＥＦＬ　ｉＢＴ（日本事務局、受検数非公表）、ＴＯＥＩＣ　Ｌ＆Ｒ（日本事務局、約二五〇万人）などがあり、受検料も五〇〇〇円～一万円、それ以上となっている（上記、高大接続改革会議への提出資料から）。

このようなテストの実施にあたって懸念されることがらは、文科省が実施している小中以上に、その影響や深刻さも大きく深いということである。これを二〇一七年度中に認定基準等の策定、二〇一八年度中に認定制度の運用開始をめざすとしているのだから、一部の機関で決めてトップダウンで実施させていくという構想である。

（2）二〇二一年一月実施の「大学入学共通テスト」

大学入試については、共通一次試験導入（一九七九年）、大学入試センター試験（一九九〇年）に続いて、大学入学共通テストの実施が二〇二一年にめざされている。

大きな変更は、国語や数学に新たに記述式の問題が出される。またマークシート方式でも、正解が一つとは限らない問題などが出される。地理歴史・公民と理科では二〇二二年度から記述式の問題を導入する。

変更が大きいのは英語である。四技能のうち、「読む・聴く」の二技能だけだったものをやめて、「話す・書く」を加えた四技能すべての実力を測ることになる。このテストについては、民間が実施している試験の活用が容認される。さしあたっては、二〇二〇年度～二〇二三年度までは民間試験と大学入学共通テスト（二技能、マークシート）との双方が実施され、受験生はいずれかを選ぶことになる。民間試験への完全移行は二〇二四年度入試からとなる。

大きな問題点は、国語などの記述式問題の採点に民間産業が参入してくること、英語は将来民間試験に委ねることなど、これまで独立した法人が試験を行ってきた方式を改め、大学入学試験の一角を民間産業が占めることになることだ。すでに民間の教育産業は、予備校や学習塾の分野で、学習指導要領の変化に沿った指導（論述や活用型の指導、アクティブ・ラーニング型の授業など）が先取りして行われ、それを「売り」にしている。それだけではなく、個別の学校に入って学級ごとの学力調査を行い、資料による診断をもとに学習指導のアドバイスなども行っている。それに加えて英語をはじめ各種の検定試験が実施されており、まずは英語が公式に採用されることになった。

こうなると、テストの方針と問題作成の基準となる学習指導要領は、国家（文科省）が決めるが、テストの実施や採点や集計は民間教育産業が担っていくという二人三脚方式が到来することになる。そうなると、試験費用の個人負担（受益者負担主義）など私的支出が増え、教育費への国家財政支出はますます低く抑えられることになる。

二〇一七年一一月に、第一回の「共通テスト試行調査」が実施され、一二月初旬にその問題が公表された（一二月五日付新聞各紙報道）。学習指導要領改訂の特色を受けて、出題傾向が変わったことが報道された。出された資料を使って思考力を問う問題形式になり、記述式の問題もある。マークシート問題でさえ、正解が複数あったり逆に正解なしの問題もあった。これまでの大学入試センターによるマークシート型の試験の弱点を可能なかぎりなくす方向での変更であるが、まだ検討が始まったばかりである。しかし、すでに実施時期は確定している。なんともあわただしい中での作業である。

以上で見てきたように、高校教育課程は、大学入学センター試験以来、最大の曲がり角に直面していると言わざるを得ない。このような状況にあって、高校教育関係者、とりわけ教育現場に立つ当事者である教職員の側では、未だ二種類のテストが抱える問題への認識が不十分であり、高校教育課程改革の取り組みの動きが鈍いように感じられる。私たちは、新型のテスト導入によって、日常の教育内容や教育システムが大きく変質させられていくという歴史的な経験を、何度もくぐらされてきたのではなかったか。今回の提案をきっかけに、本格的な検討と対応の動きを強めることが必要である。

第9節　特別支援教育は実態に応じた柔軟さが不可欠

1　小中学習指導要領と一体に出された意味

特別支援学校に関わる学習指導要領は、かつては小中の学習指導要領が出されてから、かなり間をおいて出されていた。しかし今回は、小中の通常学校のもの（以下、本節では要領1とする）が三月末に出され、特別支援のもの（以下、要領2とする）が四月に出されたのだから、ほぼ一体のものとして位置づけられて作成されたことがわかる。これ自体は特別支援教育を通常教育と切り離さずに特別扱いしないという意味で、大事なことである。

特別な支援を求める子どもたちは、現状では以下の様々な学校・学級で教育されている。

（1）通常学校内での多様な所属……①通常学級で、②通常学校内の特別支援学級で　③通常学校内での通級指導で（通常学級に所属していて、国語や算数など一部の教科教育は別教室で指導を受ける）。

（2）特別支援学校内での所属……④視覚障害、聴覚障害、肢体不自由、病弱などに対応した学級で、⑤知的障害に応じた学級で。

これら多様な場に所属し多様な指導形態で受けてはいるが、一般の子どもたちとも通底する教育の原理・原則のもとで、一般以上に手厚い支援が必要な分野としての教育を受けている。したがって、通常学校の学習指導要領にも、複数の場で「特別支援教育」が述べられている。（1）については、小学校の要領1の総則では「第四　児童の発達の支援」の「二　特別な配慮を必要とする児童への支援　（1）障害のある児童などへの指導」において、四項目にわたって総合的に書かれている。また（2）については、「特別支援学校　小学部・中学部学習指導要領」が別に作成されている。後に扱うが、要領2では最後の章に特に「自立活動」があり、これが（1）の分野にも準用される仕組みになっている。

障害児者教育に関しては、教育の原理・原則は一般と同じように貫かれ、実践にあたっては実際の状況に応じたいっそう柔軟な適用が求められる。特別支援教育に関わる学習指導要領の文章表現で、頻繁に出会うキーワードは「障害……を十分考慮（する）」、「的確な把握（的確に把握する）」である。これら（十分、的確）が、文字どおりまっとうに生かされるかどうかが、実践の帰趨《きすう》を左右する。

2　資質・能力など全体の強調点がもたらす影響

中教審答申がもっとも強調しているのは、「社会に開かれた教育課程」「資質・能力」「主体的・対話的で深い学び」「カリキュラム・マネジメント」で表現される全体の方針が、特別支援教育にも重視して貫かれることである。要領2の総則でも「教育の基本と教育課程の役割」のところで、そのことが徹底されている。すでに第一章で見てきたように、これらのキーワードは、いずれもその理解や適用をめぐって争点や問題点を含んでおり、それらが特別支援教育にも影響をもたらすのは必至である。それが前項で述べた「十分な考慮」や「的確な把握」という姿勢を抑える役割を果たしてしまうのではないか、という懸念がある。

要領1では、「個々の児童の実態を的確に把握」するのは、「個別の教育支援計画を作成し活用する」という文脈で言われている。しかし障害を持つ子どもについて、この個別支援計画や個別指導計画を細かく作成すればするほど、かえって指導が硬直化し、重要だったはずの柔軟さが失われていくという現実問題が引き起こされている。

資質・能力に関して象徴的な記述は、要領2での知的障害をもつ子どもに対する「目標及び内容」に関して、小学部では三段階、中学部では二段階の区別をしていることである。それを国語について見てみよう（表9）。

表9　国語の「目標及び内容」における区別（ゴチック体は梅原）

段階	小学部　国語　目標	小学部　国語　内容〔知識及び技能〕
1	日常生活に必要な**身近な言葉が分かり使うようになる**とともに、いろいろな言葉や我が国の言語文化に触れることができるようにする。	身近な人の話し掛けに**慣れ、言葉が事物の内容を表している**ことを感じること。
2	日常生活に必要な**身近な言葉を身に付ける**とともに、いろいろな言葉や我が国の言語文化に触れることができるようにする。	身近な人の話し掛けや会話などの**話し言葉に慣れ、言葉が、気持ちや要求を表している**ことを感じること。
3	日常生活に必要な**国語の知識や技能を身に付ける**とともに、我が国の言語文化に触れ、**親しむ**ことができるようにする。	身近な人との**会話や読み聞かせを通して、言葉には物事の内容を表す働きがある**ことに**気付く**こと。

段階	中学部　国語　目標	中学部　国語　内容〔知識及び技能〕
1	日常生活や社会生活に必要な**国語の知識や技能**を身に付けるとともに、我が国の言語文化に親しむことができるようにする。	**身近な大人や友達**とのやり取りを通して、言葉には、**事物の内容を表す働きや、経験したことを伝える働き**があることに気付くこと。
2	日常生活や社会生活、**職業生活**に必要な**国語の知識や技能**を身に付けるとともに、我が国の言語文化に親しむことができるようにする。	**日常生活の中での周りの人**とのやり取りを通して、言葉には、**考えたことや思ったことを表す働き**があることに気付くこと。

この比較表をつくってみて考えたのは次のことである。

第一に、資質・能力の重視を受けて、目標には「知識や技能」が書かれているが、そのような傾向のなかにあって、小学部の一、二段階でそれらが使われていない（つまり、この段階ではまだ知識・技能ではない？）のが、かえって不自然ではないかとの印象を受ける。

第二には、それにしてもこんなに段階を細かく規定する意味はあるのだろうか、という疑問が湧く。ここに一人の小学部の子どもがいるとしよう。その子は、国語の目標アでは第三段階にあたるが、イでは第二段階、ウでは第○段階などとしてみられるのだろうか？　算数では、社会では……と細分化されるのだろうか？　それによってどのような子ども像が描けるのだろうか。逆に、「すべてにわたってこの子は○段階である」という把握で目標と内容が決まるのだろうか。めやすとしての目標や内容記述はあるだろうが、当然にそれらには幅があり、実際には柔軟に適用していくという計画を立てて実践を行うのではだめなのだろうか。それではどこがどのように不都合なのだろうか。こうした区別の細分化は、どこまでやっても現実との間にすき間ができてしまうものだ。

3　自立活動の可能性と問題点

要領2で他には見られない特筆すべきことは、「第七章　自立活動」の記述である。その目標は次のようである。

「個々の児童又は生徒が自立を目指し、障害による学習上又は生活上の困難を主体的に改善・克服するために必要な知識、技能、態度及び習慣を養い、もって心身の調和的発達の基盤を培う。」

この目標規定も、それを本気で追求しようとすれば随分と要求が高すぎはしないか。もともと子どもが「自立を目指す」というのは相当に高度なことである。またここでも「主体的」な姿勢が強調されており、それが「障害による困難の改善・克服」に向かってのことだから、大変な試練を伴うものである。これが機械的に持ち込まれると、各段階（ステップ）を登らされていく果てしなき活動訓練に、子どもを追い込むことになりかねない。障害児・者にかぎらず、おしなべて人間は、今、ここに、生きていること、それを存分に享受し、内部から湧き上がるエネルギーを発散させ、生命活動を活性化させることが重要なのではないか。

その自立活動の内容は、「健康の保持、心理的な安定、人間関係の形成、環境の把握、身体の動き、コミュニケーション」の五項目で構成されている。心身の健康をめざすのは当然としても、特に目を引く困難な活動は、「人間関係の形成」と「コミュニケーション」である。

これらこそ、日常の生活上でおきる様々な場面で現実に即した指導を行うことが重要なのではないか。最近の教育現場では、それがエクササイズのように組み立てられてトレーニングのように課せられる傾向も広がっている。いわゆるＳＳＴ（ソーシャル・スキル・トレーニング）の導入である。ＳＳＴは、現実生活との接点や適用場面を意識して、限定された目標と計画のもとに位置づけ直される必要があろう。

第三章　学習指導要領をとりまく教育政策の背景

第1節　教育の歴史認識と二〇三〇年社会の描き方

1　子どもと教育と社会の基本認識

まず、今回の学習指導要領改訂を準備した中教審答申の「はじめに」と第一部第一章「これまでの学習指導要領改訂の経緯と子供たちの現状」と第二章「二〇三〇年の社会と子供たちの未来」の記述から、答申が抱く典型的な認識が現れている文章を五つあげてみよう。

①「我が国の近代学校制度は、明治期に公布された学制に始まり、およそ七〇年を経て、昭和二二年には現代学校制度の根幹を定める学校教育法が制定された。今また、それから更に七〇年が経《た》とうとしている。この一四〇年間、平成一八年の教育基本法の改正により明確になった教育の目的や目標を踏まえ、我が国の教育は大きな成果を上げ、蓄積を積み上げてきた」。

②「子供たちの具体的な姿……、学力については、国内外の学力調査の結果によれば近年改

善傾向にあり、……（TIMSS2015）においては……平均得点は有意に上昇している。また……（PISA2015）においても……国際的に見ると引き続き平均得点が高い上位グループに位置して」いる。

③「どのような課題を抱えているのであろうか。……学ぶことの楽しさや意義が実感できているかどうか、自分の判断や行動がよりよい社会づくりにつながるという意識を持てているかどうかという点では、肯定的な回答が国際的に見て相対的に低い」。
「『人の役に立ちたい』と考える子供の割合は増加傾向にあり、……子供たちの九割以上が学校生活を楽しいと感じ、保護者の八割は総合的に見て学校に満足している」。

道徳教育に関しては、「社会を形作っていく上で共通に求められるルールやマナーを学び、規範意識などを育むとともに、人としてよりよく生きる上で大切なものとは何か、自分はどのように生きるべきかなどについて考えを深め、自らの生き方を育んでいくことなどの重要性が指摘されている」。

④「二一世紀の社会は知識基盤社会[*1]であり、……知識・情報・技術をめぐる変化の早さが加速度的となり、情報化やグローバル化といった社会的変化が、人間の予測を超えて進展するようになってきている」。

⑤「社会の変化は加速度を増し、複雑で予測困難となってきて」いるので、「子供たち一人一人が、予測できない変化に受け身で対処するのではなく、主体的に向き合って関わり合い、

その過程を通して、自らの可能性を発揮し、よりよい社会と幸福な人生の創り手となっていけるようにすることが重要である」。

これらを読んでみて、私が指摘したいのは次の諸点である。

第一に、日本の教育および学校の近現代史に関する驚くべき浅薄な歴史観である。①に見られるように、明治期の学制改革以来の一四〇年余を、ひたすら「大きな成果を上げてきた」という一辺倒の歴史認識で貫いている。そこには、大日本帝国憲法下での教育の位置付けや教育勅語の果たした負の役割は全くない。また七〇年ずつを、一九四七年の学校教育法と二〇一六年の教育基本法改正で区切るというのも、教育史の歪曲《わいきょく》である。

なぜなら、もしも改正された教育基本法で現在を特徴づけるならば、その対比は一九四七年に制定された日本初の教育基本法を採らねばならず、それを書けば「この理想の実現は、根本において教育の力にまつべきものである」とうたわれた、この理想＝日本国憲法に触れざるを得ない。そうなると、日本国憲法によって根本的に変革されてしまったそれ以前の大日本帝国憲法が浮かび上がるし、その教育のありようを規定した教育勅語の役割が問題となってくる。

こうした価値の根本的な転換を含む近現代の教育史に触れることは、現在の政府や文科省にとっては、一種のタブー扱いになっている。したがって、位相の異なる二つの教育法を無理やりつないででも、成果一路の歴史を描かざるを得なかった。答申の冒頭が、歪曲された歴史認識から始まっているのも、中教審の役割を象徴的に示すものである。

第二に、子どもの学力については、もっぱらこの一〇年間の重点政策であった「学力向上」運動に見合った目に見える数値の表現として、国内での全国いっせい学力テストや国際的レベルでのTIMSSやOECD／PISA調査[*2]による平均得点の若干の上昇傾向のみが証拠に挙げられている。

「学力向上」政策がとられてから、学校現場は異常なほどのテスト対策がとられた。いずれも問題の適切性はあまり話題にされず、もっぱら結果としての平均点数の上下に注目がいき、さらには国内では都道府県別のランキングに、国際的には国別のランキングに異常な注目が集まった。しかも、こうしたいっせいテストが、都道府県ごと、さらには市区町村の自治体ごとに行われ、テスト体制が日本列島をおおった。

このテスト対策で、どれほど現場の教育がゆがめられたかは、視野の外に置かれたままである。テスト前には過去問題の練習が行われ、テスト問題に似た問題が日常の指導に浸透してきた。一九六一年に初めて導入された全国いっせい学力テストは、実施強行への批判と、起こるべくして起こった不正や教育の荒廃状況を前に、わずか四年で中止に追い込まれた。それに比べても一一年の長きにわたって行われている全員対象のテストは異常である。しかも一回の調査で約六〇億円もの費用がかかるのであるから、本来の調査目的に合致する抽出調査（無作為に選んだ学校や学級を対象に限定して行う調査）で十分であろう。

第三に、学ぶ意欲や意義の喪失状況や、道徳的規範の問題状況の指摘は、そのまま、今回の学習指導要領改訂の重点策の「正当性」を示すために用いられる材料になっている。しかしこれは因果関係が逆転している恐れが強い。今までのような学習指導要領体制の縛りや学力テスト体制の強化が原因で、学習意欲が減退していることも十分に考えられる。また、いじめや少年事件が起きるたびに道徳教育の強化や法的規制が叫ばれるが、このことはそれまでの道徳教育ではうまくいかなかったことの証左であって、再び同じ路線を強化することで、こうした現状が解決へ向かうかどうかは定かではない。

第四に、二〇三〇年社会を、もっぱら「変化の激しい、先行き不透明な社会」としか描けていない。中教審での審議過程においては、途中の「論点整理」（二〇一五年八月）や「審議のまとめ」（二〇一六年八月）では、もっとはっきりと、「少子高齢化社会で、人口減少とGDPが低下する」と危機感を煽《あお》ってもいた。だいたい「先行き不透明な、変化の激しい社会」という認識は、二〇世紀の終わりに二一世紀社会像を描く時にもさんざん用いられたフレーズである。今回はそれに人工知能の進化や科学技術のイノベーション（革新）がつけ加わった。

それ以上に力を入れて述べているのは、こうした変化が「加速度的に早まる」ということである。だから、今からただちに施策を実行せよと強く迫っている。

なぜに、このような貧しい未来像しか描けないのだろうか？　不思議なのは、こうした社会像に関して、中教審委員のなかで異論を含む活発な議論がなされた形跡がないことである。

例えば、未来社会を展望する際に、政府の機関には、核兵器廃絶へ向けた被爆者や世界の多数の国々の取り組みはまったく眼中にはない。戦争、差別、貧困、格差、人権侵害をなくすための国際的・国内的な努力は、未来社会を描く希望の側面に映らないのだろうか。地球規模の動きが、グローバル経済競争に負けないでトップグループを走る日本社会の構築が基軸に捉えられているために、「見えるものも見えない」のだろう。人間形成に関心を寄せる教育に関する審議会の認識が、はたしてこれで責任を果たしているといえるのだろうか。

第五に、したがって未来社会に期待する子どもの姿も、美しい言葉が使われているものの、何かしらうつろでリアリティーがない。主体的に現実と向き合って、よりよい社会と幸福な人生の創り手となっていけるようにと期待している。政府や文科省は、格差拡大の競争社会においてこのような子どもたちが育つと、本気で考えているのだろうか。このような分析と対処方針は、あまりにも無責任ではないだろうか。

2　二〇三〇年以降の社会の姿

教育振興基本計画の第三期を検討している中で、描かれている二〇三〇年以降の社会の姿は、「人生一〇〇年時代」と「超スマート社会（Society5.0）」の二つである。これもあまりリアリティーのある像ではない。

「人生一〇〇年時代」とは、平均寿命が八〇歳代になり高齢者の割合が高くなるという現象を、象徴的に一〇〇歳で表現したに過ぎない。今でさえ、高すぎる福祉・医療費と低すぎる年金支給によって、高齢者がいかに貧困と生きがい喪失に苦しんでいるか。その解決策もないまま寿命が延びただけで、幸せになれる見通しはない。こうした実態が全く反映されていない。政府は、二〇一七年一〇月に「人生一〇〇年時代、人づくり革命」施策のための審議会を発足させた。要は、グローバル競争社会に利用可能な人材を、あらゆる面から生涯にわたって掘り起こしていこうという政策である。

「超スマート社会（Society5.0）」[*3]とは、ロボットや人工知能（ＡＩ）やビッグデータなど、コンピュータを駆使した新たな技術開発を、産業や社会や生活部門に適用した社会をいう。もともとは、科学技術基本計画の五期目（二〇一六―二〇二〇年、閣議決定）の特徴を示した用語である。それは次のように定義づけされている。

「必要なもの・サービスを、必要な人に、必要な時に、必要なだけ提供し、社会の様々なニーズにきめ細やかに対応でき、あらゆる人が質の高いサービスを受けられ、年齢、性別、地域、言語といった様々な制約を乗り越え、活き活きと快適に暮らすことのできる社会。」[*4]

要するに、平均寿命が延びて高齢者の占める割合が高くなる社会と、ＡＩ分野などが開発・

活用される社会を描いているだけである。日本の人口構成比率については、年間の誕生数の統計から、すでに労働力人口や高齢者率はずっと以前から予測できていたことであり、今あわてて対策を考えるのが遅すぎたのである。またコンピュータ産業の発展も以前から行われていたものであり、驚くに値しない。

では、以前からわかっていた時代の特徴の一部分を、これほど強調するのはどうしてだろうか。中教審答申の立場から見れば、将来社会を「先行き不透明な変化の激しい社会」と描き出し、だから「予測不能な社会になっても、問題解決能力を発揮できる思考力や意欲を育てる」という基本路線に乗せたいためである。

先にも指摘したが、政府や文科省の未来社会像には、核兵器禁止条約の実現をはじめとした平和な地球社会や、地球温暖化抑制を含む環境問題の国際的な解決へ向けた取り組みなどは眼中に入っていない。例えば核兵器禁止条約は、その長い前文の一節で、「現在および将来世代のためのあらゆる面での平和・軍縮教育、および核兵器のもつ危険と結果について意識啓発の重要性を認識し、この条約の原則と規範の普及を約束」するという教育課題を締約国に義務づけているが、答申ではそれを完全に無視し続けている。

以上で見てきたように、中教審の教育史認識と将来社会の描き方は、誤りを含んだ恣意《しい》的一面的なものであり、こうした基本認識のもとで資質・能力やアクティブ・ラーニングなどが展開されている。はじめの部分でのボタンの掛け違いは、提起する方針に重大なゆがみや問題をもたらさざるをえないのである。

第2節　中央教育審議会――諮問から答申へ至る過程の特質

学習指導要領改訂についての直接の審議は、文部科学大臣の諮問機関である中央教育審議会において二年間にわたって審議が行われてきた（次に挙げる1～4）。それと同時に重要なのは、それに先立つか、または並行して、関連する機関（首相の私的諮問機関である教育再生実行会議など）から報告や提言が出され（同a～c）、それらと相乗効果をもたらしながら進行してきたことである。

a　二〇一四年三月　文科省初等中等教育局・育成すべき資質・能力を踏まえた教育目標・内容と評価の在り方に関する検討会「論点整理」

1　二〇一四年一一月　中央教育審議会諮問「初等中等教育における教育課程の基準等の在り方について」

b　二〇一五年五月　教育再生実行会議第七次提言「これからの時代に求められる資質・能

力と、それを培う教育、教師の在り方について」

2　二〇一五年八月　中央教育審議会・教育課程部会「論点整理」

c　二〇一六年五月　教育再生実行会議第九次提言「全ての子供たちの能力を伸ばし可能性を開花させる教育へ」

3　二〇一六年八月　中央教育審議会・教育課程部会「審議のまとめ」

4　二〇一六年一二月　中央教育審議会答申「幼稚園、小学校、中学校、高等学校及び特別支援学校の学習指導要領等の改善及び必要な方策等について」

もっとも重要なことは、今回の改訂の最重要概念である「資質・能力」について、中教審に先立って検討会が立ち上げられていたことである。aの会議は、二〇一二年一二月に発足し、約一年三か月の検討論議の後に「論点整理」（最終報告ではなく、途中で終わった）を出した。検討会は、今後の学習指導要領の構造を次のような三つの視点から見直す必要があるという立場から行われた。

①「児童生徒に育成すべき資質・能力」を明確化した上で、

②各教科等でどのような教育目標・内容を扱うべきか、

③資質・能力の育成の状況を適切に把握し、指導の改善を図るための学習評価はどうあるべきか。

この検討会は、右のような立場を自覚しながらも、論議は比較的広く行ったようである。[*5] 例えば検討結果のまとめでは以下のように整理された。

①資質・能力の諸要素……主体性・自律性に関わる力、対人関係能力、課題解決力、学びに向かう力、情報活用力、グローバル化に対応する力、持続可能な社会づくりに関わる実践力などを重視

②教育目標・内容について

（ア）教科等を横断する汎用的なスキル……論理的思考力やメタ認知

（イ）教科等ならではの見方・考え方など

（ウ）教科等に固有の知識や個別スキルに関するもの

③学習評価……「何を知っているか」にとどまらず、「何ができるか」へと改善

すでに第一章でみたように、①については、中教審答申や学習指導要領では、ごく限られた三本柱の規定になっただけであった。②では特に（イ）が教科等のメインに採用された。また③は象徴的な表現として全面的に採用された。その意味では、検討会の作業と整理は、中教審の審議過程に組み入れられ強弱をつけられたものの、結果的には答申の基調の作成に少なくない役割を果たしたといえよう。

今回の中教審の審議過程で際立ったことは、1の諮問時点で、すでに結論を先取りするような表現がなされていたことである。最重要なワードである「新しい時代に必要となる資質・能

力」に関わっては、ＯＥＣＤ（経済協力開発機構）のキー・コンピテンシーや国際バカロレアのカリキュラムやユネスコの持続可能な開発のための教育（ＥＳＤ）など、諸外国での新しい能力概念との関連性を強く打ち出していた。そのために学力の習得と活用をもとに「自ら課題を発見し、その解決に向けて主体的・協働的に探究し、学びの成果等を表現し、更に実践に生かして行けるようにする」という視点を提起している。これは答申に何度も出てくる文言であるが、厳密に文字を追っていくと、とてつもなく（大人でさえ）困難で実現不可能とさえ思われるような視点である。諮問時点でアドバルーンを高く上げることで、以後の審議のトーンを設定してしまった。

諮問時でのいまひとつの結論づけの例は、アクティブ・ラーニングの提案である。この言葉は四か所も出てきており、「課題の発見と解決に向けて主体的・協働的に学ぶ学習（いわゆる「アクティブ・ラーニング」）」というように、すでに定義づけもされていた。この仕掛けがあったために、諮問以後にわかにアクティブ・ラーニングが改革の目玉として躍り出ることになった。その後、答申が近づいた「審議のまとめ」になって、現場ではやたらに指導方法の型が流行ってその本質の理解が十分ではなかった旨の指摘がなされるが、事実は逆である。そもそも初めからこの言葉を意図的に流したところに、問題の震源があったのだ。

審議のしかたにもこれまでとの違いが見られた。従来は総則を審議する分科会が設置されるのだが、今回は初めから審議のやり方が違っていた。教育課程企画特別部会なる機関が組織され、以後そこがあたかも審議全体の司令塔のような役回りを果たして、答申まで二六回もの会合を開催してリードして行った。この部会が主導して「論点整理」や「審議のまとめ」を出していった。しかし、本書第一章第3節や補論でのアクティブ・ラーニングの扱われ方の変遷で見たように、この司令塔の方針自体に大きな揺れが走ったのである。

ここで中教審審議の過程で挟み込むように出されている教育再生実行会議の役割を見ておこう。この会議は安倍首相の私的な諮問機関であり、なんら審議規則などに縛られずに提言を出しているので、きわめて率直な見解を読み取ることができる。また、この会議ができてから果たしている役割を見てくると、ほとんどが文科省に設置されている公式の審議会の前に提言が出され、審議会はそれを後追いするかのような答申を出し、それが法律や政策に実行されていくという流れになっている。

ここではbを取りあげる。この第七次提言は、まさに「資質・能力」をテーマにしている。その要点は、提言の「一　これからの時代を生きる人たちに必要とされる資質・能力―求められる人材像」に書かれている。それは次の三点に集約されている。

①〈主体的に課題を発見し、解決に導く力、志、リーダーシップ〉「まだ解決されていない課題を発見し、提起して行くことが必要です。……これからは、志を持って、主体的に学び、『なぜそうなるか』(Why)を考え、課題を発見する能力を高めることが必要です。……リーダーシップや責任感、……人の心を動かすプレゼンテーション能力を養うことも不可欠

です。」

②〈創造性、チャレンジ精神、忍耐力、自己肯定感〉「既存の概念にとらわれない創造的な発想力や企画力、直観力が必要です。……（そのためには）果敢に挑むチャレンジ精神とともに、強い忍耐力を養っていくことが求められます。……さらに、異能・異才の人材を発掘し、その才能を……伸ばすことも重要です。」

③〈感性、思いやり、コミュニケーション能力、多様性を受容する力〉「社会の中での協調性と、その基盤となる倫理観を養うためには、他者に共感できる感性、思いやり、……多様性を受容する力を育てる……。その際、……日本人として大切にしてきた誠実さやおもてなしの心など、日本人が長《た》けている感性を更に伸ばしていくことが大切です。」

以上でわかるように、会議は議論の前提として、すべての子どもや青年を念頭に置いてはいない。あくまでもグローバル競争社会を、高い志をもって自覚的に生きて行く少数のリーダー層に関心が集中している。「異能・異才」のもつ利用可能な資源の発掘や、道徳性の一部である「チャレンジ精神と強い忍耐力」の強調や、揚句《あげく》のはては「おもてなしの心」さえ活用しようという意図が見える。さすがにこれらの言葉は、中教審審議では見られない。それだけ本音を率直に語ったものだといえよう。

しかし、これで一部の学力上位層の教育はうまくいくのだろうか。思考力・判断力重視といっても、批判的思考力は強調されていないし、道徳教育の部分で述べたような（第二章4節）

反道徳的ともいえるやり方で教育して、はたして倫理的にまっとうな人間が育つのだろうか。学習指導要領は、エリート教育といわれる分野でも成功する見通しは薄いといえよう。

第3節　戦後七〇年の教育課程政策と二〇一七年改訂

第1節のはじめに引用したように、中央教育審議会答申は冒頭にある日本の近現代史における特異な学校教育史観から始まっている。そこで戦後に焦点をあて、この七〇年間の教育課程をめぐる動向を総括し、今回の改訂が重大な画期であることを確かめてみたい。

1　出発時、学習指導要領の基本的性格

日本国憲法施行（一九四七年五月三日）に先立ち、その年の四月から実施される新しい教育のしくみが教育基本法と学校教育法（同年三月三一日公布）によって示された。その基本精神にもとづいて学校でどのような指導を行うのか、法律の審議過程と並行してあわただしく学習指導要領の作成が行われた。学習指導要領は、戦前の教育について、次のような反省を行うと

ころから書かれていた。

「これまでの教育では、その内容を中央できめると、それをどんなところでも、どんな児童にも一様にあてはめて行こうとした。だからどうしてもいわゆる画一的になって、教育の実際の場での創意や工夫がなされる余地がなかった。このようなことは、教育の実際にいろいろな不合理をもたらし、教育の生気をそぐようなことになった」（『学習指導要領　一般編（試案）』一九四七年三月二〇日発行）。

その重要な特徴は以下の点にある（以下、本節での傍線部分は梅原）。

第一にもっとも重要なことは、「手引き書」としての性格規定である。「この書は、学習の指導について述べるのが目的であるが、これまでの教師用書のように、一つの動かすことのできない道をきめて、それを示そうとするような目的でつくられたものではない。新しく児童の要求と社会の要求とに応じて生まれた教科課程をどんなふうにして生かして行くかを教師自身が自分で研究していく手びきとして書かれたものである。」と明確に書かれている。そのために、文書には「試案」の文字が付されていた。

第二には、学習指導の計画を教科課程という用語で示したことである。ここでは教科名と学年ごとの配当時間がしめされ、その具体的な内容は、その後順次、各教科編が出されていった。

教科では新設された社会科とともに自由研究（小学校四～六年は必修、中学校は選択科目）の存在が注目された。

「学習指導要領　一般編（試案）」は、その後、一九五一年に補強されて出された。ここで注目したいのは、初めて教育課程という概念が登場したことである。そこでは、「本来、教育課程とは、学校の指導のもとに、実際に児童・生徒がもつところの教育的な経験、または諸活動の全体を意味している」と説明された。当時のいわゆる経験を重視する教育観の影響がみられるが、教育課程は各学校が編成することや、教育課程には教科学習だけではなく教科外活動も含まれる全体計画であることが示された。以後、学校ごとの教育課程編成と実践の取り組みが広がって行くことになった。

2　学習指導要領の性格を大きく変えた一九五八年改訂

ところが、新教育の実践が広く行われつつもまだ成果が明確に表れないうちに、実践の自由を抑える動きが本格化して行く。教師に対する勤務評定政策が出され、否定したはずの「修身型の道徳教育」復活が叫ばれるようになって行く。そのためには、学習指導要領は「手引き書」であっては都合が悪く、文部省はじめ上からの政策を実行させるために、「法的な性格」を持たせることによる「拘束・強制の強化」への変化がめざされた。

その結果、一九五八年の改訂は、まずその性格の変質が画策された。それは、国会審議も経ずに、文部省の省令である学校教育法施行規則の一部改正という手法で行われた。小学校を例にとれば、第二五条を「小学校の教育課程については、この節に定めるものの外、教育課程の基準として文部大臣が別に公示する小学校学習指導要領によるものとする」と変更し、官報に告示することによって拘束性が強まったという説明で、以後教育現場を縛っていった。

このような省令の変更と抱き合わせで行われたのが、時間割に「道徳の時間」を設置させることによる、文部省の意向に沿った内容の道徳教育の強化である。

3　教育に関わる審議会に見る一九七〇年代以降の教育課程政策

全国いっせい学力テストが一九六一年から四年間実施された。実施をめぐり多くの批判や争議ももたらしたが、実施を契機にいわゆる能力主義教育が浸透していく。また高校への進学率の急増に伴って多様化路線が推進されていった。一九六八～七〇年にかけて行われた小中高校の学習指導要領改訂では教育内容が最大限にふくれ上がり、詰め込み教育への弊害や批判も指摘されるようになった。もはや学習指導要領レベルの改訂では不十分となり、教育政策全体およびその中での教育課程の方針策定が必要とされるようになった。こうした要請をうけて、一九七〇年代と八〇年代にかけて、教育に関わる包括的な審議会のレベルで方針が出されていった。

(1) 中央教育審議会答申(一九七一年)がめざした方向と実際

中教審は一九七一年、四年の歳月を費やして、就学前から高等教育までの改革案を出した。それは、生涯教育を見通したなかで、コース制や教育内容の多様化や能力別指導に踏み出すものだった。この答申では、求める人材の開発のための教育投資額が見積もられ、経済的な数式や指標が駆使されて、そのグラフや数値表が参考資料として示された。

初中等教育の基本構想では、先導的試行(特例による実施)の事例が示された。例えば、幼児教育(四、五歳児)と小学校低学年を同一機関で教育、中学校と高校教育の一貫教育、多様なコース別・能力別教育、六―三という小中、三―三という中高の区切りを変えるなどである。これらは、ただちに制度化されたわけではないが、四十数年後の今日の時点から見ると、その多くが少しずつ実施されてきたことになる。

明治期の学制、戦後の新教育、それに続く「第三の教育改革」という位置づけには、その底流で教育基本法の改正を必然とする動きがすえられていた。しかし当時の政府には、まだそこに踏み切る力はなかった。審議会の大前提として、教育基本法に依拠することを強調せざるを得なかったのである。答申は冒頭に、「教育は人格の完成をめざすものであり、人格こそ、人間のさまざまな資質・能力を統一する本質的な価値であることは、変わることのない原則である」と宣言している。

（2）臨時教育審議会答申（一九八四〜八七年）がめざした方向と実際

その約一〇年後に政府は、もっと大きな仕組みによって教育の大変革を実施しようとした。これを主導した中曽根首相は、「戦後政治の総決算」を政治信条とし、その教育版を実行するためにわざわざ法律によって内閣直属の教育審議会を設置した。しかしその法律を国会で通すためもあって、臨時教育審議会設置法第一条には、「教育基本法の精神にのっとり……同法に規定する教育の目的の達成に資するため……」という文言が入った。ここでも教育基本法に替えて教育政策を策定する（戦後教育の総決算を断行する）ことには、初めから歯止めがかけられたのである。

その結果、臨時教育審議会において、教育理念の表現は、妥協の産物として「個性重視の原則」（第一次答申）となった。もともとは、教育の平等原則を崩す意図から、当時の教育を画一性や硬直性が強いと非難し、それに替わって市場原理が貫かれた自由主義や競争主義がめざされたのだが、審議会内部での論争やかけひきもあって、結局は立場によっていかようにも解釈できる「個性重視」が採用された。実際には、自由競争の流れに連なる国際貢献や選択の機会拡大が強調されるとともに、伝統重視の愛国心が求められた。

4 民間での教育制度改革提案（一九七四年）と教育課程試案（一九七六年）

一九七〇年代以降で注目すべきは、政府や文部省とは別の立場で、教育政策への民間からの対抗的な提案が次々に出されていったことである。もっとも注目されるのは、当時の日本教職員組合が委嘱した教育制度検討委員会（一九七〇年発足、七四年最終報告。梅根悟会長）と中央教育課程検討委員会（一九七四年発足、七六年報告。梅根悟委員長）の果たした画期的な役割である。

前者の報告書『日本の教育改革を求めて』では、教育課程の作成とその性格について次のように提案された。

「従来の教育課程審議会は廃止され、自治体単位に、教育内容の調査・研究・助言機関（自治体教育内容審議会）を設け、さらに全国レヴェルでの意見の交流と調査の機関（全国教育内容審議会）を設けること。そこには、各地の自主的教育研究活動をはじめ、全国教研での研究蓄積、各民間教育研究団体の自主的教育研究の成果が反映されるとともに、その自由な活動を積極的にはげますものであること。（中略）

現実の教育課程は、審議会の大綱を参考として、各学校の教師集団が、創造し決定する。

各学校は、その教育目標を立て、各学年、各学級の教育活動は、全学校生活に有機的に連関づけられねばならない。したがって、教育課程の編成は、職員会議の決定事項である」（Ⅲ一二　改革への提言（四）教育内容編成の制度的保障と手続き）。

さらに後者の報告書『教育課程改革試案』では、総論で「教育課程とは何か」についての規定がなされている。

「教育課程とは、一般に、子ども・青年にのぞましい発達を保障するために、学校で行う教育的働きかけの計画である。教育課程の編成はこのような計画を、学校の仕事の個々または全体にわたって立案し、実践し、点検することである。（中略）

教育課程は、具体的には、個々の学校において、その教職員によって、生徒を対象に、一定の教育的諸条件のもとで編成される。したがって、教育課程を最終的に決定するものは、なによりも教職員の教育的力量であり、学校内外の子どもの生活であり、学校における諸条件である」（二　教育課程の原理　1　教育課程とはなにか）。

画期的なことは、教育課程の定義と編成主体が明確に示され、それまでの教育課程行政の抜本的な改革が提案されたことである。背景には教育課程の自主編成運動の蓄積があった。各論では、教育内容精選の原理や総合学習の提案など注目すべきものが少なくなかった。

この「試案」は、戦後教育課程政策とそれへの対抗をめぐる民間での取り組みの中で、もっとも包括的なものであり、歴史的な文書であるといえるが、現在にも十分に問題提起できる生命力を持っているといえよう。

また一九八〇年代には、第二次教育制度検討委員会（大田堯会長）が発足し、報告書『現代日本の教育改革』（勁草書房、一九八三年九月）で、「教育内容と方法をどう改めるか」が提案されている。

これらの影響を受けて、いくつかの教科に関する民間の教育研究団体からの教育課程試案が出された（例えば、算数・数学、技術科、体育など）。民間からの教育改革の提案づくりは、二一世紀を見通したものにも引き継がれ、一九九〇年代後半には「教育改革をともに考える会」が立ち上げられ、提言が出された。

5　二一世紀の教育課程政策と教育基本法改正（二〇〇六年）

憲法改正を意図した動きと連動して、二〇〇六年、第一次安倍内閣によって教育基本法の改正が行われた。そこで重要なことは、今回の二〇一七年学習指導要領改訂のもっとも重要な概念である「育成すべき資質・能力」を引き出すための仕掛けが組み込まれていたことである。

それは次の二か所である。

「第一条　教育は、人格の完成を目指し、平和で民主的な国家及び社会の形成者として必要な資質を備えた心身ともに健康な国民の育成を期して行われなければならない」。

「第五条二項　義務教育として行われる普通教育は、……国家及び社会の形成者として必要とされる基本的な資質を養うことを目的として行われるものとする」。

注目したいのは、第一条で新たに挿入された「必要な資質を備えた」の部分は、改正前の一九四七年法では、「真理と正義を愛し、個人の価値をたっとび、勤労と責任を重んじ、自主的精神に充ちた」と述べ、明確な目的理念が示されていたことである。これを削除したことは、以後は政府・文科省の判断でいかようにも規定できる余地を与えることになった。その特権を利用して、二〇一七年の学習指導要領改訂で「育成すべき資質・能力」が規定されたのである。

また教育基本法改正を受けて、学校教育法も改正され（二〇〇七年）、そこでは「学力の三要素」が法律で規定された（第三〇条二項）。そもそも、学力規定は研究者を含む教育関係者で活発な提案や実践や論議が行われていく過程で、ある幅を持った合意がつくられていくのが望ましいのに、そうした議論を封じ込めてしまい法律化してしまった。そのために、学力をめぐる活発な論議は低調になり、法律順守の圧力が現場を覆ってしまっている。

表10　教育基本法で、大きく変えられた考え方や政策

〈　〉補足、（　）備考、【　】梅原のコメント

	1947.3　教育基本法　全11条	2006.12　改正　全18条（第1次安倍内閣）
前文	……この理想の実現は、根本において教育の力にまつべきものである。	⇒削除【憲法との一体化を強調せず】 （挿入）公共の精神を尊び
1条 目的	教育は、人格の完成をめざし、…真理と正義を愛し、個人の価値をたっとび、勤労と責任を重んじ、自主的精神に充ちた…国民の育成	教育は人格の完成を目指し、…（継続） ⇒削除 ⇒削除 （新たに）必要な資質を備えた国民の育成 【学習指導要領の資質・能力の根拠に】
2条 方針	〈この目的達成には〉学問の自由を尊重し、実際生活に即し、自発的精神を養い、自他の敬愛と協力によって、文化の創造と発展に貢献する	⇒（このくだり、全文削除） （目標）次に掲げる目標を達成する（25項） 豊かな情操と道徳心 公共の精神に基づき、主体的に社会に参画 伝統と文化　我が国と郷土を愛する 【これらの項目のみが異常に強調される】
6条 学校	法律に定める学校は、公の性質をもつものであって、…	法律に定める学校は、公の性質… （2項新設）教育を受ける者が、学校生活を営む上で必要な規律を重んずるとともに、自ら進んで学習に取り組む意欲を高めることを重視して〈行う〉。【子どもの自己責任】
10条 家庭	（この条文は無し）	（新設）父母その他の保護者は、子の教育について第一義的責任を有するのであって、生活のために必要な習慣を身に付けさせる… 【家庭教育支援法（案）の準備へ】
16条 行政	〈10条〉教育は不当な支配に服することなく、国民全体に対し直接に責任を負って行われるべきものである。 【教育の直接的責任性の原則】	教育は不当な支配に服することなく、この法律及び他の法律の定めるところにより行われるべきものであり、……。
17条 計画	（この条文は無し）	（新設・教育振興基本計画）【計画の縛り】政府は、教育の進行に関する施策の総合的かつ計画的な推進を図るため、……基本的な計画を定め、……公表（する）。

〔新設された条文〕３条・生涯学習の理念、７条・大学、８条・私立学校、９条・教員、11条・幼児期の教育、13条・学校、家庭、地域住民の相互の連携協力

しかも、学力の三要素（①基礎的知識、技能の習得、②思考力・判断力・表現力等、③主体的に学習に取り組む態度）は、そのまま格上げされて「育成すべき資質・能力」の三本柱に連動させられてしまった。

また教育基本法改正での重大な後退は、教育行政の章にも表れた。かつて強調されていた「教育は、……国民全体に対し直接に責任を負って行われるべきもの」という「教育の直接責任性」が削除され、替わって法令順守や教育振興基本計画（五年ごとに政府が計画）の策定と実行が求められた。その大きな変更点を表10にしてみた。

6　戦後教育課程政策の重大な転回となる二〇一七年改訂

二〇一七年改訂前の学習指導要領は二〇〇八年に改訂されたものであるが、時期的にいっても教育基本法や学校教育法の改正部分を本格的に反映させるものにはならず、今回の二〇一七年改訂で本格的・全面的に適用されたのである。

第一は、教育政策総体の全面的・構造的な方針のなかに、がっちりと組み込まれた教育課程政策の具体化であるということだ。すなわち、初等中等教育制度、キャリア教育、教員養成制度、高校・大学接続の新テスト導入、地域と学校との連携などのなかに有機的に結びつけられた。

その背景には、日本とＯＥＣＤによる二〇三〇年にむけた政策対話や、Ｇ７教育サミット宣言（二〇一六年五月）にも示された、グローバル競争社会に日本全国の学校教育を巻き込もうとする戦略がある。さらには、日本国憲法改正をも視野においた（自民党改憲試案では憲法二六条の改正が提案されている）動きも底流にある。

第二は、教育課程の作成と実施に関して、その目標・内容・方法・評価・経営の五つの主要な要素を一体化し、縛りを強化した全体構造の枠組みで迫っていることである。

それは、中教審答申の第一部第四章二（一）「学習指導要領の枠組みの見直し」に示されている。そこでは、私の整理であるが、以下の六点に沿った新しい枠組みが提案されている。

①目標としての資質・能力の明確化、②拘束性を強めた教育課程の編成、③学習指導法の提示、④発達を踏まえた支援策、⑤教育評価の徹底、⑥実施のための方策。

つまり、教育目標（コンピテンシー）―教育内容（コンテンツ）―指導方法（アクティブ・ラーニング）―学習評価（パフォーマンス）―経営（マネジメント）の強い一体化がめざされているのである。

第三には、こうした方針を強力に推し進めるために、中教審での審議過程にも強い縛りがかけられたことである。それは諮問の直後に新しくつくられた教育課程企画特別部会なるものの存在に象徴的に表れている。この部会は、学習指導要領の総則や各教科等の検討部会の上位に君臨し、中教審の基本方針作成をリードし、「論点整理」（二〇一五年八月）や「審議のまとめ」（二〇一六年八月）の文書において、各部会に対して、審議ではなく作業機関のように見立てて指示を出し続けてきた。膨大な文書や付属資料をこの組織が一括管理し、各部会の逸脱を許さない強力な縛りで「答申」まで導いたのである。

第四は、それぞれの教育段階の接続を円滑に運用させることを重視して、同一方針のもとで幼稚園教育—小学校—中学校—高校までの一連の教育を視野に収めた提案をしていることである。しかも、高校段階での「学びの基礎診断」と、高校以後の「大学入学共通テスト」の実施を並行して検討するなど、従来から反応が鈍かった高校段階での改訂方針の徹底をもくろんでいる。

このように今回の改訂方針によって、教育課程政策上で重大な転回が始まったといえる。このような新しい段階になったことを踏まえて、実践的にも理論的にもこれらにどのように対抗していくかが、私たちに問われている。

第4節　教育振興基本計画の青写真

学習指導要領が教育政策の構造の一環として固く組み込まれているのは、教育振興基本計画が策定されているからである。それは、改正された教育基本法の第一七条に規定されたものである。二〇〇八年度から五年ごとに閣議決定され、二〇一八年度からの第三期計画が審議・決定されようとしている。二〇一七年に改訂された学習指導要領も、計画の第二期に沿った施策であった。それらによれば、改訂された学習指導要領に基づいた教育課程の移行措置が始まる二〇一八年度から、さらには全面実施される二〇二〇年度以降の教育計画はどのように構想されているのだろうか。その青写真を、二〇一七年九月一九日の中央教育審議会「教育振興基本計画部会」に提出された資料をもとに、検討してみたい。

1　計画と点検のシステム

教育基本法が改正されて以降の政府・文科省による教育政策の出され方は、パターン化している。それを示すと次のようになる。

教育政策の重点事項→政策の基本方針→五年間の目標→点検のための測定指標→実現のための施策群

この流れの特徴は、立てられた目標にたいして点検指標が設けられ、それがいわゆるＰＤＣＡ（Plan 計画― Do 実行― Check 点検― Action 行動）サイクルで縛りを強くさせられていることである。

第三期教育振興基本計画案から出てくるのは、「生涯にわたる学習や能力向上」と「社会を生き抜くための能力の育成」という従前からの方向であり、そのための教育政策の中心は「教育を通じた一人一人の『可能性とチャンス』の最大化」であるという。このＰＤＣＡサイクルの具体的な実施策については、その後の審議（第一八回、二〇一七年一一月）において「客観的な根拠（エビデンス）を重視した教育政策推進について」（案）が出され、より詳細な提案がなされている。このサイクルによる計画と点検システムの強化は、教育課程行政においても、いっそうの縛りとなって浸透していくものである。

2 「夢と自信を持ち、可能性に挑戦する」という基本方針

中教審・教育振興基本計画部会に提出された計画案では、今後の教育政策の基本方針が五つ指摘されている。

①夢と自信を持ち、可能性に挑戦するために必要となる力を育成する
②社会の持続的な発展を牽引《けんいん》するための多様な力を育成する
③生涯学び、活躍できる環境を整える
④誰もが社会の担い手となるための学びのセーフティネットを構築する
⑤教育政策推進のための基盤を整備する

いわば目玉となるキーワードは「夢と自信」である。言葉は美しいが、実質は看板倒れではないかとの印象を持った。しかし、ある意図は貫こうとしている。以下では、この方針を「今後五年間の教育政策の目標と主な施策群（ロジックモデル）」に基づいて検討したい。

この全体方針を初等中等教育段階で具体化したものを計画案の他の箇所で見ると、相変わらず伝統的な「知・徳・体の三本柱による育成」になっている。

○確かな学力の育成七項目……新学習指導要領の着実な実施、全国いっせい学力テストの実施と活用など。

○豊かな心の育成一〇項目……道徳教育の推進、伝統や文化に関する教育の推進、子供たちの自己肯定感の育成など。
○健やかな体力の育成三項目……基本的な生活習慣の確立など。

このように見てくると、方針の項目はこれまでと代わり映えのしないものである。では何が強調されているのか。それは、ＰＤＣＡサイクルで点検していく際の「測定指標候補」を新たに設定したことである。

例えば学力では、計画案によるとＯＥＣＤのＰＩＳＡ等の国際調査で「世界トップレベルを維持」するとか、「指導方法の改善を行っている学校の割合」を上げるとかが指標になる。心の問題では、自己肯定感を持つ割合を上げる、いじめ解消率を上げるなど、数値目標が掲げられ、その数値達成が点検される。さらに体では、体力水準を二〇二一年度までに一九八五年ころの水準に上げる、朝食欠食率を下げるなどが目標とされている。

いま①の方針を初等中等教育段階についてのみ見てきたが、こうした施策群と測定指標候補が、以下、高等教育段階についてもいわれている。

以上のように初等中等教育段階について、二〇二二年度までの第三期の教育振興基本計画の青写真から見えてくることは、その施策項目は第二期の延長上にあるものが大部分であるのに対して、その点検システムの縛りの方がいっそう強まるとの印象を受ける。それは基本方針に関わって、次のようにいわれているところが象徴的である。

「教育政策を効果的かつ着実に進めて行くとともに、教育政策の意義を広く国民に伝え、理解の醸成を図っていく上でも、施策の目的に照らして求める成果を把握し、評価結果をフィードバックして各施策に反映させていくといった、いわゆるエビデンスに基づくPDCAサイクルの確立をさらに進めていくことが必要である」。

エビデンス（証拠）に基づくPDCAサイクルの確立――これが次期の計画を貫く棒である。

＊注

1　知識基盤社会論の批判的な分析については、佐貫浩の次の論文が参考になった。研究ノート「『知識基盤社会論』批判」(1)～(4)、法政大学キャリアデザイン学会紀要『生涯学習とキャリアデザイン』Vol.11 No.2～Vol.14 No.1、二〇一四年三月～二〇一六年一〇月。

2　TIMSSは、国際教育到達度評価学会による国際数学・理科教育動向調査のこと。PISAは、OECDによる生徒の学習到達度調査のこと。

3　Society5.0とは、「狩猟社会、農耕社会、工業社会、情報社会に続くような新たな社会を生み出す変革を科学技術イノベーションが先導していく」という意味である。教育振興基

本計画部会、第五回会議（二〇一七年八月）配布資料より。
4 「超スマート社会の姿と超スマート社会に向けた取組について」（第三回 基盤技術の推進の在り方に関する検討会、配布資料、二〇一五年一〇月）。
5 注目したいのは、検討会の座長であった安彦忠彦は、私の考えは「必ずしもこの『論点整理』と同じではない」、それは「人格の形成」を「正当に位置づけていない」と批判している。『「コンピテンシー・ベース」を超える授業づくり』図書文化社、二〇一四年一二月。

なお、第3節で参考にした主な文献は以下のものである。

文部省『学習指導要領 一般編（試案）』日本書籍、一九四七年。

文部省『学習指導要領 一般編（試案）』明治図書出版、一九五一年。

文部省『教育改革のための基本的施策 中央教育審議会答申「今後における学校教育の総合的な拡充整備のための基本的施策について」』大蔵省印刷局、一九七一年。

教育制度検討委員会『日本の教育改革を求めて』勁草書房、一九七四年。

中央教育課程検討委員会報告『教育課程改革試案』一ッ橋書房、一九七六年。

臨時教育審議会『教育改革に関する答申――臨時教育審議会第一次～第四次（最終）答申』大蔵省印刷局、一九八七年。

日本の教育改革をともに考える会『基礎・基本と共通教養』上・下、フォーラム・A、一九九九年。

水原克敏『現代日本の教育課程改革――学習指導要領と国民の資質形成』風間書房、一九九二年。

中央教育審議会「幼稚園、小学校、中学校、高等学校及び特別支援学校の学習指導要領等の改善及び必要な方策等について」二〇一六年。

第四章　学習指導要領体制をのりこえる教育実践の方向

第1節　若い教師たちの苦悩と挑戦の姿

私たちは、今回の改訂を機会に、教育に関心を持つ諸団体と協同して広く呼びかけ、新しい学習指導要領についての自主的な学習会を企画してきた。「どうなる？　子どもと教育」という三回のシリーズを経て、いよいよ「どうする？　子どもと教育」の企画に入っている。四回目に行ったのは、二〇歳代後半〜三〇歳代にかけての比較的若い数人の教師たちからの報告「こんな実践してます！　したいです！」という企画だった。[*1]

事前に二回の準備会を設けてじっくりと交流し、論点を確かめ合いながら発表していただいた。当日、若い教師たちは、管理の強い学校にあってストレスを感じ、悩みながらそれでもここは譲れないという実践の軸を語り、参加者に感銘を与えた。その報告内容を整理してみることで、実践の方向性を確かめたい。

第一に、ストレス過多の学校の実態がある。職場では教育委員会からの意を受けた学校の管理職層から「降りてくる」方針には、「おかしい」と思っても意見が言えない雰囲気が強い。「職員会議は、意見を言う場ではありません」とたしなめられるという。すると次第に、それを疑問に思わなくなる現場になってくる。もの言えぬ職場には、管理主義や権威主義がはびこりやすい。だから子どもに対しても、「ナメられるな、シメなきゃ」「ルールやあいさつは、教え込むまで徹底せよ」などという指導を貫こうとする同調圧力を感じるという。

また「〇〇学校スタンダード」が幅を利かせている実態も進行している。「朝の会」の進め方、給食の食べ方（三種類の食器の配置を三角形に見立てる三角食べ）、筆箱の中身、掃除のし方等々。学習指導要領の趣旨徹底という目的で、二〇一七年の夏休み期間に一定の地域ごとに、旧態依然とした「伝達講習会」が実施された。これは、一切の質問を許さず、また論議し合うこともなく、ひたすら講師の言うことを聞いて、指導要領に線を引かされているだけのものである。子どもには「考え、議論する道徳」「主体的で対話的な深い学び」をと言いながら、指導する教師にはそれさえも全く認めようとしない。この矛盾した光景こそ、学習指導要領体制を象徴するものである。

第二には、教師たちには、子どもの指導で日々苦労の連続がある。ある二〇歳代後半の教師は、校長から道徳主任（＝道徳教育推進教師）を任命され、道徳教育の年間計画を作成させられている。苦痛なのは、「自分でもいいと思っていない計画」を作成して、その実践を他の同僚にお願いする側にいるということだと告白してくれた。

また、何かというと「テメエ死ね！」と叫ぶ子どもについて、その言葉の裏側をどう読み取ればいいのかと悩む。「こんな子どもをつくってきたのは、教員自身にも責任があるのではないか？」という思いにとらわれて苦しいという。しかし、こうした苦労に直面しながら、教師としての立ち位置を模索し、少しずつ自分の指導スタイルを構築していることも話された。

第三に、そんななかでも、子どもとのやりとりに何とか力を注いでいる日常がある。日々トラブルがありてんてこ舞いだが、当事者である子どもたちとそれを解きほぐし、時には図に書いたり言葉を補ったりして一緒に考えていこうとしている。道徳授業では、「期待される結論」には誘導せずに、終わりがない「オープンエンド」にしようと考えている。言語を通して、物事を認識し自分の思考を深めるように育てたいと思っている。

そう考えると、できることはたくさんあるのではないかとも思えてくるという。例えば総合的な学習の時間では、「大豆のひみつ探検隊」をつくって地域にもでかけ、教材研究と魅力的な教材づくりに励んでいる。「〇〇学校スタンダード」のおかしさに気づき、それを変えるのも、子どもの力に依拠して行いたいという方向で取り組んでいる。

第四に、「それでも教師としてここは大事にしたい」「この部分は譲れない」という信念が日常を支えている。それぞれが、学外に出かけてサークルや民間の研究会で、悩みを出し合い、教材研究などで鍛えられて、今の自分がいるという。「たて（学校内の保護者や先輩・若手教員）とよこ（学校外の研究会や幅広い同僚）でつながり合う」姿勢を持ち続けたい、「こんな教育をしたい」という軸をつくっていきたい、だから「自分の信念や柱を持とう！」と語っていた。

ある教師の教育の実践に「いいかげんさを持とう！」という主張が、共感をもって受け止められたのも興味深かった。「いいかげん」とは「好い加減」のことであり、「よい程あい（広辞苑）」の意味である。つまり「どこには力を入れ、どこでは力を抜くか」を自分で見極めて、メリハリのある実践をつくっていくことであるという。

以上のようなことが、各年代の参加者と意見交換される過程で、二〇〜三〇代教師がこもごも語った内容である。悩み傷つくこともあるが、決して上からの言いなりになっているわけではない。何よりも、目の前に存在している子どもたちの現実から目を背けず、「こんな教育をしたい」という軸を築こうとしている矛盾や苦悩の中から、人間的な可能性や芽を見つけ、そこに依拠してともに歩いて行こうと前を向いている。

そうした、新しい息吹が育っていることに、とても励まされた思いがした。

教育の現場に渦巻いているストレスや苦悩の多くは、現実に生きている子どもが、身体全体で表している発達への要求と、そうした子どもの現実をつかもうとしないで「良かれ」と降ろされてくる方策との間にある軋轢《あつれき》から生まれてくる。時としてそうした体制にのみこまれそうになりながらも、なお教師としての初心を貫きたいと挑戦している若い群像が存在していることを大事にしたい。

第2節　子どもと教育現場は、どうなりつつあるか

すでに教育の現場には、改訂の趣旨を徹底する指導が降りてきている。「特別の教科　道徳」や英語教育をはじめとして、二〇二〇年度の完全実施を待たずに先行実施しているので、次第に変化が浸透してきている。それらのいくつかを見ておこう。

まずほとんどの教師は、初めから今回の改訂作業や議論からは「カヤの外」に置かれている。そもそも今回の改訂で目玉とされてきた「資質・能力」やアクティブ・ラーニングやカリキュラム・マネジメントのどれ一つとっても、子どもと接触している教育の第一線の現場から切実に要求されていたものはない。このことは、教育の改革を本気で実施しようとした場合には、驚くべきことなのではないだろうか。

それどころか、教師は長時間過密労働を強いられ、過剰ストレス状態に追い詰められている。日常の授業準備のほかに、二〇一八年度から本格的に始まる「特別の教科　道徳」の計画づくり、すでに始まっている小学校での外国語（英語）活動への指導、加えて日常的に発生する子ども同士のトラブルや「いじめ対応」に追われてヘトヘトにさせられている。中学校での「過

度の部活動」指導も、放課後や休日の「自主的に使っていい自由時間」を皆無に近い状態にしている。もともと教師として必要な、幅の広い豊かな教養や人間としての土台づくりになるはずの自由時間が、極端に削られている。

改訂のキーワードには、子どもたちに実現したいものに「主体的で対話的な深い学び」「考え議論する（道徳）」「主体的に問題解決できる能力」などの表現が使われているが、本当にそれらを実現しようとすれば、まずもって教師自身にそれらが可能となるような条件を保障すべきではないだろうか。教育課程や学習指導について、教師に「主体的で対話的な深い学び」合いが保障されないで、どうして指導の対象である子どもたちにそれが育つというのだろうか。これが改訂をめぐる根本的な矛盾である。

新しそうなカタカナ英語の氾濫《はんらん》が学校現場をおおっている。これこそがあたかも時代の先端であるかのような、うわついた流れが加速している。「流行のバスに乗り遅れるな！」と先を争って走らされている。しかし、よくよく考えてみよう。いったいこのバスはどこへ向かって動こうとしているのか。そもそも、乗ろうとしているこのバスは、安心でき安全なのだろうか。

こうした教師の状況の中で、子どもたちはどのように追い立てられているのだろうか。とにかく「主体的に、アクティブに」とせかされている。まずは動き出せ、発言せよ、考えよ、とばかり、目に見える形での能動的（アクティブ）に見える行為を、子どもたちは受動的（パッシブ）に迫られている。じっくりと考えを巡らせたいタイプの子ども、沈黙のなかで思考活動を活性化させている子どももいるはずなのに、目の前にぶら下げられた「本時のめあて」に向かって「期待される道」を馬車馬のように走らされている子どもたちの姿がある。

現場教師からの指摘に耳を傾けてみよう。

①アクティブ・ラーニングの内容は、学習方法のみが重視され、「グループ学習」「手を挙げること、意見を言うこと」が評価の対象になっている。その方が教師にとっては「評価」しやすく、安心なのである。評価という成果主義が、教育に蔓延《まんえん》している。*2

②アクティブ・ラーニングが強調されることで、方法論が優先され、学習内容の検討が疎《おろそ》かにされたり、単純化されたりする危険性がある。小学校現場では「内容は学習指導要領に書かれている」という文句が「常識」となり、久しく学習内容の検討は避けられてきた。*3

もちろん重要なことは、現場はこれらでおおい尽くされているわけではないということだ。しかし、学習指導や教育課程づくりに関する重要な原理がないがしろにされている現状は、教師の教育活動の質を低下させ、それが子どもたちの学習の内容と質に跳ね返ってくるのである。

第3節　教育実践の基本姿勢の確立を

もともと人間の主体性や判断力を養うためには、批判的思考や分析力は不可欠である。しかし現在、多くの教育現場では批判的思考はタブーに近い状況になっている。学習指導要領は「その通りに実施すべき文書」とされ、上からの指示は絶対であるかのような雰囲気がつくられ、教師および教師集団が自分の頭で考え、批判して創意工夫を発揮してのりこえていく対象にはされていない。そのように支配された教師に対して、今度は子どもたちに「主体性や判断力や生きる力」を育てよとせきたてる。ここに日本教育の根本的な病巣がある。

これまで見てきたように、学習指導要領は、文章上で「美しさ」を装い「新しい用語」を使用しているにもかかわらず、具体的な課題をかかえた教育現場で、方針通りにそれらの強調点を実施させようとすれば、リアルな現実との間に齟齬《そご》や矛盾を生み出さざるを得ない。そうならないように問題を克服するには、次に述べるような基本姿勢が必要であろう。

①学習指導要領や教育課程行政に対して、事実に基づいた建設的で批判的な検討や創意工夫

の自由を何人《なんぴと》にも認め、納得を経た実践を関係者でつくっていくことを重視する。

②子どもを人権（生存・学習・発達の権利）の主体者としてとらえ、その実態や学びの要求に応じて、創意工夫をこらした意欲的な教育実践の蓄積と普及に力を注ぐ。

③授業・教育課程・学校運営に、教師および教育関係者の自主的な実践の権利を認め、実践にあたっては民主的な合意形成過程を尊重する。

その上で、次に挙げる三つのキーワードについては、真の意味でその言葉が期待する基本姿勢に少しでも近づけるように柔軟な対応を編み出す。

④資質・能力（コンピテンシー）については、目の前の子どもたちの実態の分析から出発し、育てたい諸能力と人間像の姿を出し合い、それぞれの地域と学校が合意した個性的な表現で示す。

⑤アクティブ・ラーニング（能動的・協働的学習）については、まず各教科の学習のめあてと指導内容を設定し、その習得にふさわしい様々な学習の方法の一つとして、有効性が見込まれる場合にのみ採用する。

⑥カリキュラム・マネジメント（教育課程経営）については、上意下達の一方向的な命令システムではなく、提案—討議—合意過程を踏まえた協同性と民主主義が貫かれたものに近

づける。

私たちの教育課程づくりの出発点は、眼の前に生きる子どもたちの発達要求をしっかりと捉え、それに応えていこうとする立場である。私たちが相対している個々の子どもたちのリアルな姿の中にこそ、教育の普遍的な課題が潜んでいる。個別の中に普遍を読み取り、それに応えていくのが教育実践の基本ではないだろうか。

第４節　学習指導要領体制の縛りから解き放たれる

学習指導要領体制から解き放たれる取り組みや努力も、次に示すように教育実践現場では必要に迫られて進められている。

第一には、学習指導要領とは法律ではなく、各学校が子どもや地域の実態を踏まえて教育課程を作成する際の「大綱的な標準」であって、あくまでも教育課程の編成権は学校現場の教師集団にあるという基本原理を、絶えず確認して実践していくことの重要さが自覚され広がりつつある。学習指導要領の拘束性を緩めて、あくまでも書かれていることの妥当性と説得性で現場に受け入れられていく、という基本方向をめざす。

第二には、総則の前文に引用されているにもかかわらず、実際には過小評価されがちな価値、すなわち「真理を求める態度、個人の価値の尊重、自主及び自律の精神」こそ重要な価値として、教育の具体的な実践に生かしていく努力をする。

第三に、もともと教育課程の編成と実践と評価については、指揮命令という流れにはなじまず、実践者の模索と納得を通して自主的・創造的に実践されていくべきものである。教師は自立した人間である。また指導力を持った専門的（プロフェッショナル）な職業人である。だから専門性と自主性が、いずれのレベルにおいても最大限に尊重されなければならない。それが教育実践に活気をもたらすもっとも重要な原則なのである。

第四に、教育の直接的責任性の原則を復権させる。教育基本法の改正以来、特に教育振興基本計画（閣議決定）や学習指導要領（文科大臣告示）や文科省―教育委員会からの縦のラインでの指示が強まっていることの大きな背景に、一九四七年教育基本法第一〇条にあった「教育は、不当な支配に服することなく、国民全体に対し直接に責任を負って行われるべきものである」という教育の直接的責任性の原則が、文面上において削除されたことの影響がある。この原則は、教育は眼の前にいる子どもや青年や成人の教育の要求にストレートに応える責任があるという意味である。これは教育の条理ともいうべきものであり、削除されたからといって、その重要さがなくなったわけではない。この原則は、教育はどこを向き、誰のためにどうあるべきかを示したものであり、今日ますますこの原則の発揮が求められている。

第5節　私たちの取り組みで矛盾と危機をのりこえよう

おかしいことには「声をあげ続けよう」――これは近年に高揚してきた新しい市民運動のスタイルである。もともと日本社会に生きる人はみな「表現の自由」（日本国憲法第二一条）が認められ、子どもにも「意見表明権」（子どもの権利条約第一二条）が保障されている。

学習指導要領にさえ、（案）の段階で「公的な意見（パブリック・コメント）」を寄せることができる機会が設けられている。この制度は現在では、必ずしもうまく機能しているわけではない。真の改革や改善を求める声には耳を貸さず、反対に、さらに右よりの政治的な圧力団体からの「不当な要求」は呑んでしまうような、政治の道具に利用されている側面がある。それにしても、密室ですべてを決定していた時代よりは、民意の集約や情報の公開に向けた方向には一歩前進ではある。そう考えて、今回は私もコメントを送付した（第一章資料）。

学習指導要領に関わる教育課程や教育方法について、気になることがあれば、まずはそれが自由に発言でき、意見交換し合える環境づくりが重要であろう。ところが教育現場では、何とも風通しが悪い。文科省も再三確認し、学習指導要領総則の冒頭でも述べているように、「各学校においては、……児童の心身の発達の段階や特性及び学校や地域の実態を十分考慮して、適切な教育課程を編成する」としている。したがって学校内外で自由闊達《かったつ》に話し合うことこそ教育課程編成には必要なのであって、その空気が抑えられていることは教育の生命力をしぼませるものである。

かつて日本各地域で「学習指導要領の白紙撤回」運動が大きく盛り上がった時期があった。一九八九年改訂にたいする国民的な異議申し立て運動である。その時は、準備なき見切り発車の「学校五日制への安易な移行」に反対する民意があり、また道徳教育を重視しているにもかかわらず、時の文部省事務次官が汚職疑惑の渦中にあったので、怒りや批判が改訂された学習指導要領に向けられたのだった。全国規模で抗議や署名運動が繰り広げられ、その民意の表れが自治体議会の「学習指導要領の撤回・見直し決議」に結実した。表11にあるように、一九九五年五月までになんと六一七件にも上った。[*4]

学習指導要領については、もっと国民的に開かれた論議が巻き起こるような動きを期待したい。学び合い、おかしいと考えたら声をあげ、改革・改善が切実ならば行動に立ち上がろう。主権者は私たちなのであり、未来の主権者を育てるプログラムを私たち自身で吟味するのは当然の責務なのである。

表11　学習指導要領白紙撤回・見直し自治体決議の議会別決議数

（1995/3/31現在）

年度	月例議会	自治体数	累計
89	6	4	4
89	9	1	5
89	12	7	12
90	3	5	17
90	6	2	19
90	9	2	21
90	12	4	25
91	3	4	29
91	6	0	29
91	9	0	29
91	12	4	33
92	3	5	38
92	6	2	40
92	9	3	43
92	12	27	70
93	3	39	109
93	6	31	140
93	9	24	164
93	12	60	224
94	3	78	302
94	6	42	344
94	9	58	402
94	12	108	510
95	3	56	566
計			566
その他			34
総計			600

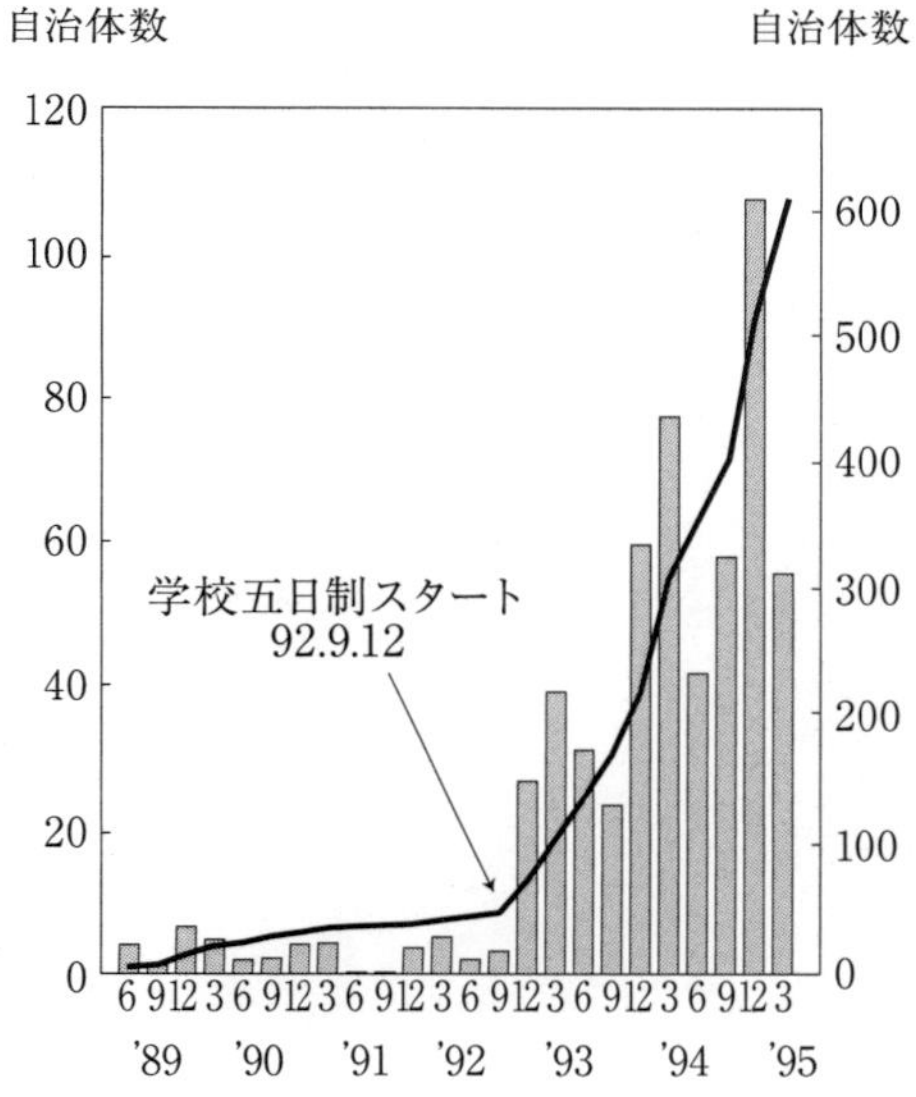

月例議会（1989.6～95.3）

（注）棒グラフは月例議会別自治体数（左端に指標）、折線グラフは、急増する自治体決議の総数（右端に指標）をあらわす。

教室と学校に創意工夫の風を吹かせよう。そしてこの道を太く確かなものにしていこう。

＊注

1　私が代表を務める民主教育研究所が呼びかけて、他の四団体と共同して実行委員会をたちあげ、二〇一六年の秋から企画し実施してきた連続学習会である。

2　内田蒼汰「現場にアクティブ・ラーニングの曲解──一人ひとりが大切にされる教育を目指して」『人間と教育』№91、二〇一六年秋号、旬報社、五三ページ。

3　東畑優「現場から見たＡＬ『騒ぎ』」『教育』二〇一六年一一月号、かもがわ出版、一六ページ。

4　梅原利夫『学校で宝物見つけた』新日本出版社、一九九五年六月、四一ページ。

おわりに

私の人生における教育学研究への道は、工学部で工業化学（主にコンビナートでの石油精製過程における化学変化の応用研究）を学んでいた道を離れて、教育学部教育行政学科（主に教育内容政策の面から教育とは何かを探究する）へ学部を変更した時から本格的に始められた。

学部の卒業論文は「自然科学教育の検討――仮説実験授業と極地方式の比較を通して」であり、科学技術政策の影響を受け一九六八年に改訂された学習指導要領の理科分野に焦点をあてた。そしてその弱点をのりこえて子どもが目を輝かせ、楽しくためになる授業の創造を目指していた二つの民間の授業実践研究に貫かれている、科学観・子ども観・授業観・教育方法観を捉えようとしたものであった。

さらに大学院に進んでからは、修士論文を「一九五八年学習指導要領に関する一考察――理科と技術科の関連に注目して」とした。拘束性が強まり科学技術教育が重視されたとはいうものの、理科と技術科の間では、内容上も学年進行上でも、必ずしも有機的な関連が十分ではなく矛盾すら見られることを考察した。その後の博士課程では、教育課程全体へ関心を広げ、学力や教育方法の実践創造へと研究を進めていった。

こうして振り返ってみると、私の教育学研究の関心事には、初発から学習指導要領研究が座っていたことに、あらためて気づかされる。その後の学習指導要領の改訂のたびに、私なりの分析・評価・のりこえ・実践創造の見解を著書にして発表してきたことになる。

大学院博士課程に進学した時から、当時の日本教職員組合からの委嘱を受け民間教育研究の立場から自主的に審議していた中央教育課程検討委員会の事務局作業に、当時指導を受けていた山住正己先生から推薦されて、途中から参加することになった。その成果は「教育課程改革試案」として一九七六年に結実した。試案に示された教育課程に関する原理・内容・方法は、歴史的な試練にも耐え現在にも問題提起しうる画期的なものである。その時、委員長の任にありリーダーシップをとっておられたのが、和光大学初代学長の梅根悟先生であった。その後、偶然に教員公募の機会があり、公正な業績審査と面接を経て、三一歳の時に和光大学に勤務することになった。

その和光大学で三九年間勤めて、今春、無事に定年退職することになった。

思い浮かぶのは、多くの研究会で出会った全国の教職員の方々である。その子どもへのまなざし、授業実践への情熱、教育改革への希望に、幾度となく学ばされ励まされてきた。さらにその方々の現場である教室に多く通わせていただき、子どもたちの学習場面にも立ち会わせていただいた。どこにも教師がつくる学級の個性的な雰囲気があり、学習指導という教育行為には、教師の思想・構想・技術を含む全人格がつぎ込まれていることがよくわかった。日本の教室実践、学校づくり、自主的な教育改革につぎ込まれた貴重なエネルギーは、教育の遺産として引き継がれ、さらに発展的に創造されていくであろう。

それらから学んだことを咀嚼《そしゃく》し、大学の授業やゼミナールに反映させてきた。若い学生たちとの活発な論議が、梅原ゼミを巣立った方々のその後の人生の栄養部分になっていったとしたら、この上なくうれしい。さらにこの期間に経験した多くの教育学研究者の方々との研究会・共同研究・意見交換では、限りない刺激を受けてきた。

これらの相互作用によって、梅原利夫という研究者と教師の人生がつくられてきた。

大学教育という拘束された場からは離れるが、教育学研究と人間探索の道はこれからもずっと続く。

梅原利夫

二〇一八年一月三日

梅原利夫（うめはら・としお）
和光大学教授。専門は教育課程論、教育方法学。
1947年東京都生まれ。1972年東京大学教育学部卒業。1979年東京都立大学大学院博士課程単位取得退学。
民主教育研究所代表、教育科学研究会常任委員、日本生活教育連盟会員、日本教育法学会常務理事、日本教育学会会員。
『子どものための教育課程』1988年、青木書店
『新指導要領と子ども』1990年、新日本出版社
『学校で宝物見つけた』1995年、新日本出版社
『指導要領をこえる学校づくり』1999年、新日本出版社
『育てよう人間力』2002年、ふきのとう書房
『人間を探す旅』2007年、つなん出版
『学力と人間らしさをはぐくむ』2008年、新日本出版社
『続　人間を探す旅』2018年、自費出版

新学習《しんがくしゅう》指導要領《しどうようりょう》を主体的《しゅたいてき》につかむ――その構図《こうず》とのりこえる道《みち》

2018年 2月15日　初　版

著　者　梅　原　利　夫
発行者　田　所　　　稔

郵便番号　151-0051　東京都渋谷区千駄ヶ谷 4-25-6
発行所　株式会社　新日本出版社
電話　03（3423）8402（営業）
03（3423）9323（編集）
info@shinnihon-net.co.jp
www.shinnihon-net.co.jp
振替番号　00130-0-13681
印刷　光陽メディア　　製本　小高製本

落丁・乱丁がありましたらおとりかえいたします。

© Toshio Umehara 2018
ISBN978-4-406-06240-4 C0037　Printed in Japan

本書の内容の一部または全体を無断で複写複製（コピー）して配布することは、法律で認められた場合を除き、著作者および出版社の権利の侵害になります。小社あて事前に承諾をお求めください。